中公文庫

般若心経

生まれ変わる

ひろさちや

中央公論新社

はじめに

むかし、勇ましいことを言う友人がいました。

「極楽浄土に行ったら酒が飲めなくなるよ。それなら極楽に行くのはバカバカしい。それより地獄に行って、鬼を集めて酒盛りやったほうがいい」

そのころわたしは人間がわりあいおとなしくて親切でしたから、その友人に「こういう話があるんだよ」と話したのです。


犬の社会では、犬はおしっこを飲むのが大好きなんだ――という想定をしてほしい。その社会である日、犬たちが犬のお坊さんの話を聞いたと考えてほしい。

その帰り道にある犬が、こう言った。

「きょうの話はよかったなぁ」

すると、もう一匹が、

「この世の中でわれわれ犬もいいことやれば人間に生まれ変わることができるそうだ。

ひとついいことを一生懸命やって人間に生まれ変わろうと思うんだ」

こんどは三匹目の犬が、

「そうなんだ、おれも生まれ変わりたいなあと思ったんだ。しかしよく考えてみたら、人間はだれもおしっこを飲まないそうだ。そうすると、おれがもし人間になったらあのおいしいおしっこが飲めなくなる。だからおれはやっぱり犬のほうがいいと思う」

「うーんなるほどなあ、そりゃそうだ」

「わしも人間になるのはやめた」

そういう話をして、

「いいか、人間はいまお酒を飲みたいと思う。人間のこころが飲みたいと思っている。しかしお浄土の菩薩になって生まれると、そういうこころはなくなる。いわば犬のこころのままで人間になると思うから、おしっこが飲めない、人間になるのはやめた、となるんだ」

と、そういうふうに説得したのです。

しかし最近はわたしも歳をとって意地が悪くなってきました。そして、もうそんな親切を言うのはやめにしました。考えてみれば、わたしはなにもお浄土の管理人でも支配人でもありません。

極楽浄土というのは、阿弥陀仏というほとけさまの国です。一般にほとけさまと思っていただいていいのですが、そのほとけさまが招待状を発行されるのです。わたしは、その招待状をいただいて、「ありがとうございます」という立場です。だから、招待状をもらっていない人に、わたしが「あのパーティーに行ったらおもしろいぞ」と勧める必要はないのです。勧めたらかえってほとけさまに悪いと思うようになりました。

「行きたくなかったら行かないでいいよ、地獄に行けばいいでしょう」

いまはそう言うんです。

『法華経』のサンスクリット語原典には、極楽浄土には全員男性になって生まれ変わると書いてあります。極楽浄土では男は男になり、女も男になる。全員男性しかいないのです。

ですから「酒は飲めん、女が抱けない。だからおれはいやなんだ。なんでおまえそんなところを勧めるんだ、おれは娑婆《しゃば》のほうがいい」とおっしゃる方にわたしは勧めたくありません。そういう人はどうぞ娑婆でお過ごしください、と言っておきたいのです。

わたしはまず最初に、ある意味で読者の反発を買うことを予想しながら、ちょっと大胆にこう申し上げておきます。

「ほとけさまのこころがわかって楽になりたい人だけが、この本を読んでください」

すばらしい「ほとけの智慧」の完成の真髄を教えた経

観自在菩薩《かんじざいぼさつ》がかつてほとけの智慧の完成を実践されたとき、肉体も精神もすべてが空《くう》であることを照見され、あらゆる苦悩を克服されました。舎利子《しゃりし》よ。存在は空にほかならず、空が存在にほかなりません。存在がすなわち空で、空がすなわち存在です。感じたり、知ったり、意欲したり、判断したりする精神のはたらきも、これまた空です。

舎利子よ。このように存在と精神のすべてが空でありますから、生じたり滅したりすることなく、きれいも汚いもなく、増えもせず減りもしません。

そして、部派仏教においては、現象世界を五蘊《ごうん》、十二処《じゅうにしょ》・十八界《じゅうはっかい》といったふうに、あれこれ分析的に捉えていますが、すべては空なのですから、そんなものはいっさいありません。また、部派仏教は、十二縁起《じゅうにえんぎ》や四諦《したい》といった煩雑な教理を説きますが、すべては空ですから、そんなものはありません。そしてまた、分別もなければ悟りもありません。大乗仏教では、悟りを開いても、その悟りにこだわらないからです。

大乗仏教の菩薩は、ほとけの智慧を完成していますから、その心にはこだわりがなく、こだわりがないので恐怖におびえることなく、事物をさかさに捉えることなく、妄想に悩まされることなく、心は徹底して平安であります。また、三世の諸仏は、ほとけの智慧を完成することによって、この上ない正しい完全な悟りを開かれました。それ故、ほとけの智慧の完成はすばらしい霊力ある真言であり、すぐれた真言であり、無上の真言であり、無比の真言であることを知りなさい。それはあらゆる苦しみを取り除いてくれます。真実にして虚妄ならざるものです。

そこで、ほとけの智慧の完成の真言を説きます。

すなわち、これが真言です。

「わかった、わかった、ほとけのこころ。

すっかりわかった、ほとけのこころ。

ほとけさま、ありがとう」

般若心経《はんにゃしんぎょう》。

目次

『摩訶般若波羅蜜多心経《まかはんにゃはらみったしんぎょう》』

唐三蔵法師玄奘《とうさんぞうほうしげんじょう》訳

観自在菩薩《かんじざいぼさつ》。行深般若波羅蜜多時《ぎょうじんはんにゃはらみったじ》。照見五蘊皆空《しょうけんごうんかいくう》。度一切苦厄《どいっさいくやく》。舎利子《しゃりし》。色不異空《しきふいくう》。空不異色《くうふいしき》。色即是空《しきそくぜくう》。空即是色《くうそくぜしき》。受想行識《じゅそうぎょうしき》。亦復如是《やくぶにょぜ》。舎利子《しゃりし》。是諸法空相《ぜしょほうくうそう》。不生不滅《ふしょうふめつ》。不垢不浄《ふくふじょう》。不増不減《ふぞうふげん》。是故空中無《ぜこくうちゅうむ》色《しき》。無受想行識《むじゅそうぎょうしき》。無眼耳鼻舌身意《むげんにびぜっしんい》。無色声香味触法《むしきしょうこうみそくほう》。無眼界《むげんかい》。乃至無《ないしむ》意識界《いしきかい》。無無明《むむみょう》。亦無無明尽《やくむむみょうじん》。乃《ない》

すばらしい「ほとけの智慧」の完成の真髄を教えた経

観自在菩薩《かんじざいぼさつ》がかつてほとけの智慧《ちえ》の完成を実践されたとき、肉体も精神もすべてが空《くう》であることを照見され、あらゆる苦悩を克服されました。

舎利子《しゃりし》よ。存在は空にほかならず、空が存在にほかなりません。存在がすなわち空で、空がすなわち存在です。感じたり、知ったり、意欲したり、判断したりする精神のはたらきも、これまた空です。

舎利子よ。このように存在と精神のすべてが空でありますから、生じたり滅したりすることなく、きれいも汚いもなく、増えもせず減りもしません。

そして、部派仏教においては、現象世界を五蘊《ごうん》、十《じゅう》二処《にしょ》・十八界《じゅうはっかい》といったふうに、あれこれ分析的に捉《とら》えていますが、すべては空なのですから、そんなものはいっさいありません。また、部派仏教は、十二縁起《じゅうにえんぎ》や四《し》諦《たい》といった煩雑な教理を説きますが、すべては空ですから、そんなものはありません。そしてまた、分別もなけ

至《し》無《む》老《ろう》死《し》。亦《やく》無《む》老《ろう》死《し》尽《じん》。無《む》苦《く》集《しゅう》滅《めつ》道《どう》。無《む》智《ち》亦《やく》無《む》得《とく》。以《い》無《む》所《しょ》得《とく》故《こ》。菩《ぼ》提《だい》薩《さっ》埵《た》。依《え》般《はん》若《にゃ》波《は》羅《ら》蜜《みっ》多《た》故《こ》。心《しん》無《む》罣《けい》礙《げ》。無《む》罣《けい》礙《げ》故《こ》。無《む》有《う》恐《く》怖《ふ》。遠《おん》離《り》一《いっ》切《さい》顛《てん》倒《どう》夢《む》想《そう》。究《く》竟《きょう》涅《ね》槃《はん》。三《さん》世《ぜ》諸《しょ》仏《ぶつ》。依《え》般《はん》若《にゃ》波《は》羅《ら》蜜《みっ》多《た》故《こ》。得《とく》阿《あ》耨《のく》多《た》羅《ら》三《さん》藐《みゃく》三《さん》菩《ぼ》提《だい》。故《こ》知《ち》般《はん》若《にゃ》波《は》羅《ら》蜜《みっ》多《た》。是《ぜ》大《だい》神《じん》呪《しゅ》。是《ぜ》大《だい》明《みょう》呪《しゅ》。是《ぜ》無《む》上《じょう》呪《しゅ》。是《ぜ》無《む》等《とう》等《どう》呪《しゅ》。能《のう》除《じょ》一《いっ》切《さい》苦《く》。真《しん》実《じつ》不《ふ》虚《こ》。故《こ》説《せつ》般《はん》若《にゃ》波《は》羅《ら》蜜《みっ》多《た》呪《しゅ》。即《そく》説《せつ》呪《しゅ》曰《わつ》。羯《ぎゃ》諦《てい》。羯《ぎゃ》諦《てい》。波《は》羅《ら》羯《ぎゃ》諦《てい》。波《は》羅《ら》僧《そう》羯《ぎゃ》諦《てい》。菩《ぼ》提《じ》薩《そ》婆《わ》訶《か》。般《はん》若《にゃ》心《しん》経《ぎょう》。

れば悟りもありません。大乗仏教では、悟りを開いても、その悟りにこだわらないからです。

大乗仏教の菩薩は、ほとけの智慧を完成していますから、その心にはこだわりがなく、こだわりがないので恐怖におびえることなく、事物をさかさに捉えることなく、妄想に悩まされることなく、心は徹底して平安であります。また、三世の諸仏は、ほとけの智慧を完成することによって、この上ない正しい完全な悟りを開かれました。

それ故、ほとけの智慧の完成はすばらしい霊力ある真《しん》言《ごん》であり、すぐれた真言であり、無上の真言であり、無比の真言であることを知りなさい。それはあらゆる苦しみを取り除いてくれます。真実にして虚妄ならざるものです。

そこで、ほとけの智慧の完成の真言を説きます。

すなわち、これが真言です。

「わかった、わかった、ほとけのこころ。
すっかりわかった、ほとけのこころ。
ほとけさま、ありがとう」

般若心経《はんにゃしんぎょう》。

般若心経——生まれ変わる

第1章　自由にものを見よう

Q 欲望がなければ人間は生きていけないと思うのですが？

人間はほんとうにそんなに欲が深いのか

「欲望がなければ、人間は生きていけない。仏教は欲を捨てろと言うけれど、欲がなければ人間も廃業じゃないか」

なるほど、それはそのとおりで、人間は欲を持っているというのが基本です。お釈迦さまだって、仏教の経典の中で、人間には欲望がある、と説いています。

しかし、それじゃあこの欲望というものを、全肯定していいのかということを、もう一度原点にさかのぼって考えてほしいのです。

欲望には二種類があります。

たとえば、食べ物に関しては、ひとつは、ものをおいしく食べたいという欲望です。もうひとつが、おいしいものを食べたいという欲望です。

ものをおいしく食べたい、という欲望をわたしは自然的欲望と名づけています。自然的欲望というのは、その欲望が充たされれば解消してしまう欲望です。

お腹が空いているとき、一杯目のご飯はとてもおいしくいただけます。二杯目もそうですね。でも三杯目はというと食べられますが、もう飽きてきます。四杯目はうんざり、五杯目になるともういりません。欲望は消えてしまうのです。

なにも高価な材料で料理を作る必要はありません。アジの干物と漬物とおみおつけだけでも、みんなで楽しく食事をすれば、おいしく食べることができます。材料や料理の質に左右されることなく、自分の気持ちひとつでおいしく食べることができるのです。

ところが、おいしいものを食べたい、という欲望はいささか違います。

あるところでおいしいものを食べた、とします。またそれが食べたくなります。ところが、それよりうまい店があるという話を聞くと、こんどはそれが食べたくなる。これは際限がありません。テレビや雑誌で紹介されると、矢も盾《たて》もたまらず、行列を作ってまで食べに行くのです。情報に振りまわされ、「おいしいもの」に束縛されています。しかもその欲望は留まることがなく、充たせば充たすほどますます拡大していきます。

これはもちろん食べるものに限りません。いいドレスを一着手に入れると、こんどはそれにあったバッグがほしくなり、宝石もほしくなる。ネックレスも靴も時計もと、際限なく欲望が拡大していきます。お金も同じですね。

そうなると、生活そのものがそういうものを食べたり買ったりすることに束縛されてきます。テレビや雑誌がそんな欲望を煽《あお》るように「ほら、こんないいものがありますよ、もっといいものがありますよ」と情報を流し、人びとは洪水のようなその情報に煽られて、ますます欲望を拡大させていきます。

この欲望を、わたしは奴隷的欲望と名づけています。

奴隷的欲望は、いくら最初の目標が充足されても、満足できません。つぎからつぎへと新しい欲望が湧き出て、留まるところがありません。欲望が欲望を呼んで、どんどんふくらんでいきます。わたしたちはこの欲望の虜《とりこ》になって、欲望のおもむくままに動かされるようになってしまいます。そうなると、人はもう奴隷的欲望に支配された奴隷です。

日本人はどうもこの二つの欲望をごっちゃにしているように思えます。

「欲望がなければ人間生きていけない」という意見もそうですね。たしかに人間が生きていくためには欲望が必要です。でも、それは自然的欲望です。ものをおいしく食べたいという欲望です。

ところが、わたしたちはものをおいしく食べたいという欲望が、おいしいものを食べたいという欲望にいつのまにかすり変わっていることになかなか気がつきません。欲望の奴隷になっていることを知ろうとしません。そうとも知らず、「欲がなければ人間廃業だ」なんて言うのです。

しかし、です。

わたしたち人間は、ほんとうにそんなに欲深い存在でしょうか。

わたしは二十年間大学の教員をやって、四十八歳のときいやになって辞めたのですが、最後のころに学生課長をやっていたことがあります。その学生課長のときに、学生食堂の炊事の用務員を雇うという仕事がありました。アルバイトで長くやってもらっていた人の中から一人、正式の職員に採用するということになったのです。

そのとき女性三人が応募してきました。一人はまだ若い三十代の女性、もう一人が四十代、そして五十代の女性の三人でした。学校の総務課のほうから年寄りはあまり好ましくないと言われて、わたしもそれはそうだと思いました。

面接のときになって、わたしは三十代の女性の方に「じつは学校の方針として、あなたを雇うことが内定している」という話を正直にしました。

するとその女性は「えっ、一人しか雇えないんですか。みんな雇ってもらえるのだと思ったのでわたしも応募した」と言うのです。そして「もしも一人しか駄目なら、わたしはアルバイトのままでいいです。五十代の、あの方が一番勤めたいと思ってるみたいですから、あの方に譲ってあげてください」と言ったのです。

過去のことですから、だれを採用したかは伏せておきますが、とにかくわたしはこのとき彼女の発言にちょっと感動しました。そして強く感じたのは、「人間は、他人を蹴落としてでも自分がよくなりたいという欲を持っている」というのは、わたしたちがつねづねそういうふうに思いこまされているだけではないか、ということでした。

他人が惨めになっても自分だけが幸せになりたいという欲望、これが奴隷的欲望なのですが、そういう欲望というのは本来、人間のこころの中にはないんじゃないかと思うのです。

そして、あなたの身のまわりをもっともっとよく見まわしてほしいのです。

ほんとうにそんなに欲望だらけの人がいるのか、と。

Q　現代社会で生きるには欲望の奴隷にならざるをえないのではありませんか？

現代の資本主義社会は「多財餓鬼」の世界だ

「いまの日本は資本主義社会だよ。その中で、人間は欲望がなくても生きていける、というような古代のユートピア的な話をされても困る。現代社会ははるかに複雑に発達した特殊な社会であって、そこでは欲望の奴隷になって当然なんだ、ならざるをえないじゃないか」

　わたしが講演会などで仏教の話をしますと、必ずそういう反応があります。

　もちろん「はじめに」のところで書いたように、欲望の奴隷になりたい人はなられればいいのです。しかし、現代社会で生きるためには欲望の奴隷にならざるをえないという考え方は少し違います。

　いま、日本にはホームレスが非常に増えています。もちろん多くのホームレスの人たちが好んでそうなったとは思いませんが、なかには家族や社会にいやけがさして、あえてホームレスを選んだという人もいます。わたしはこのホームレスの人たちは現代の出家者だと考えていますが、あの人たちは欲望の奴隷にならず、しかも現代資本主義の最先端社会である日本で、ある意味で社会から解放されたかたちで生きています。ですから現代社会でも欲望の奴隷にならずに生活することは可能だということをあの人たちは示しているのです。

「そんな社会の脱落者のことを引き合いに出すのはおかしい」

という声が聞こえてきそうですが、まずかれらに脱落者だというレッテルを貼ることじたい、大きな問題があります。また、かれらがたとえこの社会からの落ちこぼれであったとしても、だからこそ現代日本の資本主義社会の歪みをからだをはって告発している、ということができるように思います。

ではその資本主義社会の歪みとはどういうことでしょうか。

それは、質問された方が言っておられるように、資本主義社会が、人間の欲望を根本にしているということです。欲望の奴隷を作り続けてきていることです。

「人間には欲があるんだ、その欲が人間を進歩発展させてきているんだ、欲があればあるほどいい生活ができるんだよ、おまえたち、もっと欲を持て」

わたしたち日本人は、五十歳の人なら五十年間そう教え込まれ続け、そう洗脳され続けてきました。消費社会などと一見きれいな言葉で現代資本主義社会を語る人がいますが、消費社会とは、裏を返してみれば消費がなければ経済が成り立っていかないために、人びとの欲望を煽り立ててものを売る社会のことであるわけです。わたしたちを欲望の奴隷に駆り立てている社会のことですね。

そんな「欲があればいい生活ができる」と洗脳された頭で「仏教がいうことを聞いていると、われわれは生きていけない」とおっしゃる人が多いのではないでしょうか。

わたしはそのへんがおかしいと思うのです。

「仏教がいうことを聞いていると、われわれは生きていけない」という言い方は、人間の社会が、欲の固まりでできているというのであれば成り立つかもしれませんが、欲望の奴隷にならなくても生きている人は大勢いらっしゃいます。「欲望の奴隷にならざるをえない」と言う人は、そう言う人自身がまさにこの娑婆世界の中で「餓鬼《がき》」になっているからです。

「餓鬼」という言葉を『大辞林』（三省堂）で引いてみますと、

「生前の悪業の報いで、餓鬼道に落ちた亡者。体はやせ細り、のどは針のように細く、また、手にとった食物が火に変わってしまうため常に飢えに苦しんでいるとされる」

とあります。

この餓鬼について、五世紀ごろインドで作られた『倶舎論《くしゃ》』という仏典の中に「餓鬼に三種あり」と書かれています。

第一が無財餓鬼。なんの財産も持っていない餓鬼です。財産といってもボロギレ一枚程度でしょうね。無財餓鬼が素っ裸で生きている餓鬼なのに対して、ボロギレぐらいは持っているのが少財餓鬼です。

第三が多財餓鬼。多財餓鬼というのはたくさんの財産を持っている餓鬼です。

この三種類の餓鬼がいるというわけですね。

このうち無財餓鬼と少財餓鬼は、地下の地獄のすぐとなりの世界にいて、一万五千年のあいだ苦しまなければならない。それに対して多財餓鬼は、人間世界のなかにいるという。現代風にいえば非常にリッチで、山海の珍味を食べて、デラックスな御殿に住んで、そして乗用車を乗り回している、そういうブルジョワ的な餓鬼だというのです。

わたしは餓鬼というのは、やせ細ってるものだと思っていましたから驚きました。

「えっ、人間世界に混じって生きているって、そんな餓鬼がほんとうにいるのか。たらふく食べて、ビア樽《だる》みたいなお腹をしてるそんな餓鬼がいるのか。矛盾してる。これは誤訳じゃないか」

そう思ってサンスクリット語の原文の経典を見たのですが、やはりそう書いてあるのです。

で、それがどういうことなのか長いあいだわからなかったのです。しかし、あるときハッと気がつきました。

そして餓鬼というのを、

「自分の持っているもので満足できないものを餓鬼と呼ぶ」

と、定義してみたんです。

すると多財餓鬼というのがよくわかるようになりました。

インドではお釈迦さまと同じころに、ジャイナ教という宗教が生まれています。このジャイナ教のお坊さんは、素っ裸で生きています。托鉢《たくはつ》用の鉢すら持っていませんから、布施《ふせ》を手で受けます。ですからジャイナ教のお坊さんへの布施は決して熱いものを献じてはいけないとされています。すくなくとも古代のインドではそうだったわけです。つまりジャイナ教のお坊さんは無財なのです。

それに対して仏教のお坊さんは三衣一鉢といって、三つの衣と托鉢用の鉢は持っていいとされていました。つまり仏教のお坊さんは少財なのです。

じゃあ、ジャイナ教や仏教のお坊さんは餓鬼か、というとそうではありません。ジャイナ教のお坊さんはなにも持っていなくても、それで満足しているから餓鬼ではないのです。仏教のお坊さんも少財だからといって餓鬼になるわけではありません。なにも持っていないから、少ししか持っていないからといって欲がでてくるわけではありません。無財や少財だからといって餓鬼になるわけじゃないのです。

「いま持っているもので満足できなくなること」が餓鬼である。

そう定義すれば、いまの日本人はまさしく多財餓鬼といえるわけですね。こんなにぜいたくな暮らしをしているにもかかわらず、「もっと、もっと」となんでも欲しがるのですから、まさしく多財餓鬼そのものです。

もっとも、日本人には「エコノミックアニマル」という形容語がすでにつけられています。日本ではこれを「経済的動物」などと訳していますが、それではまったく意味が違います。わたしは「金の亡者」と訳すべきだと思っていますが、千五百年前に仏典がちゃんと「多財餓鬼」と訳してくれていたのです。

Q　悲しいけれどやっぱりお金のために生きていかねばならないのでは？

お金がすべての世の中は長続きしない

たしかに現代は生きるためにお金が必要ですし、そのお金を稼ぐためにさまざまな知恵を働かせて生きていかねばならない時代です。「悲しいけれどやっぱりお金のために生きていく」という社会のありようですね。

わたしは経済評論家でも政治評論家でもなんでもありません。しかし素人なりに、資本主義社会というものの本質は、経済を成長させ続けるということではないか、と考えています。

経済が成長し続けていくためには、大量に生産し、大量に消費をし続けていかなければなりません。大量に生産し、大量に消費するためには、企業は人びとの欲望を煽らなくてはならないし、社会はそうすることが美徳であるかのような風潮を作り出していく必要がでてきます。

そうでないと資本主義社会は潰れてしまうからです。

また、経済活動が世界的に拡大すれば、必ずその資源やエネルギーは枯渇《こかつ》することは目に見えています。環境も汚染されるに決まっています。それは素人が考えてもわかることです。

そのへんを批判したのがマルクス（一八一八―八三）ですね。マルクスは資本主義はいずれ崩壊するだろうと予測しましたが、逆にマルクスが打ち立てようと夢見た新しい社会主義社会、共産主義社会が潰れてしまいました。たしかにそういう意味では、運動は実らなかった。社会主義・共産主義は崩壊してしまったけれども、しかしそれがイコール資本主義の勝利ではないと思うのです。この資本主義というものは必ず、行き詰まりがくるだろうと思うのです。

それじゃあつぎの世の中というのは、どんな社会になるのでしょうか。

これまた素人の発想ですが、イギリスなどでいま芽生えはじめている善意銀行のような地域共同体のシステムが、新しい社会へのひとつの展望ではないかとわたしは考えています。

そのシステムというのは、ボランティア活動をやったり他の人のために働くと、その時間を貯蓄することができて、その貯蓄の残高分だけ他の人に奉仕してもらえる、というものです。

たとえば老後になると、若いときにやったボランティア活動や他の人への奉仕の分だけ便宜供与を受けることができるのです。

いま世界のあちらこちらでそういうシステムみたいなものが模索されはじめています。

そういうふうに見てみると、いまの日本の資本主義社会はたいへんおかしい社会だということがわかります。

経済不況になれば企業はすぐにリストラをします。リストラというのは、いうなれば企業が利益を生み出すために、労働者の働く場を奪うということですね。働きの悪いやつはさっさと辞めてもらい、役に立つ人間だけで効率のいいシステムを作り、利益をあげよう、ということです。

この考え方は、いまの企業社会の中に急速に浸透していますが、これは日本の社会のなかに弱肉強食の思想を徹底して持ち込もうとする考え方です。

これまでの日本の社会というのは、曲がりなりにも共に働く場を作ろう、みんなでがんばろうとしてきていました。ところが最近の経済の働きは、もはや人間は消耗品であるということを露骨にうち出してきています。企業の利益や組織防衛を、その社会に暮らす人びとの生活より優先させようとしているのです。それがリストラですね。

「そんな、社会のためにならないことを企業はやっていいのか。やる権利はないんだ」と、わたしたちはほんとうに怒りを持って、もっと異議申し立てをしていいと思います。

いまドイツなどでも日本同様、仕事は減っています。ところがドイツでは、まずリストラにはなりません。ワークシェアリングといって、どういうふうに仕事をみんなで分けあおうか、と考えているのです。

「みんなで生きていくにはどうすればいいか」

そういう発想がグローバルな意味で世界のあちこちでできているのです。

しかし日本では、ほんとうに悲しいけれどもそういうものの考え方というのが生まれてきません。日本人というのは、こういう事態になっても、自分の利益につながりさえすればいい、自分さえよければいい、そういう考えでいるのです。

わたしは希望と願望を込めながら、そういう社会はもうすぐ滅びるだろう、そして新しいシステムの社会になるだろう、と考えています。

その社会というのは、「おれはこれだけお金を持ってるから、おれの老後を見てくれ」ということが通用しない社会です。若いときにどれだけ他人のために尽くしたか、他人のためにどれだけの仕事をやったか、その時間を積算して、それによって老後の安楽を供給されるというような時代がくるだろうと考えています。また、そうあってほしいと思うのです。

ロシアの文豪・トルストイ（一八二八―一九一〇）に『イワンのばかとそのふたりの兄弟』という小説があります。

主人公のイワンは、あまりにも愚直なのでバカと呼ばれているのですが、働き者です。

長男は軍人となって軍事力で王国を作り、次男は商人となって金の力で王国を作り、イワンは王さまの娘の病気を治したことで娘婿に迎えられ、王国を引き継ぐことになります。ところが長男は他国に戦争を仕掛けて敗れ、次男は国内に住みついたほかの商人の金の力に負け、結局イワンのところに逃げてくるのです。

そのイワンの王国というのは、軍事力を持たず、通貨もないかわりに、税金もなく、ただ唯一の法律が、「手にタコのある者は食事をとることができるけれども、タコのない者は人の残り物を食べる」というものです。イワンは王さまであるのにみんなと一緒に麦を作り、牛を飼っています。そんなイワンの国に老悪魔がイワンを堕落させようとやってきますが、からだで働くより頭で働くことを教える悪魔は、イワンの国の人びとから相手にされず、結局逃げ出してしまいます。

このイワンの王国のような社会というのは必ずくるだろうし、きてほしいと思うわけです。

金は唸《うな》るほどあるけれど、他人のためになにもやっていない、イワンの兄のような人たち。これは日本の企業経営者たちの姿だろうと思うのですが、そういう人びとがいずれのたうちまわる世の中になるだろうと思います。いや、そうなってほしいのです。

利益は、神やほとけの預かりもの

アメリカに鉄鋼王と呼ばれたアンドリュー・カーネギー（一八三五―一九一九）という大金持ちがいました。あのカーネギーホールを作った人です。このカーネギーがモットーとしていた言葉は、「富は神からの委託物である」でした。そして実際に全財産を神にお返しして、神を介してその財産を社会に役立てたのです。

お金は神さまからお預かりしているものだから、預かってるものをお返ししてから死んでいく――それがクリスチャンとしての生き方であり、ユダヤ教徒としての生き方でもあるのです。

聖書の中にも、キリストの喩《たと》え話としてこういう話が出ています（ルカによる福音19）。

——ある金持ちの主人が旅に出るあいだ「商売をしろ」といって、十人の召し使いにいくらかのお金を預けた。主人というのはもちろん神なのですが、ある召し使いはそれで商売をして十倍にし、帰ってきた主人に報告した。すると主人は「よくやった」と言ってほめてくれた。ところが、別の召し使いは、預かったものを取り上げられてはいけないと、布に包んでしまっておいた。すると主人は「銀行に預けておけば利子がついたのに」と言って、預けたお金を取り上げた——

クリスチャンには、神からお預かりしたものを増やしていく、そういう義務があるのです。みんな自分が持っている才能を使ってお預かりしたものを増やしていく。それがクリスチャンとしてやるべき仕事なのです。

しかし、それは自分のために増やすのではありません。神からお預かりしているものを増やしているのです。クリスチャンにはそういう感覚があるのです。

かつては日本人もそういう感覚を持っていました。

中世の日本では、商売は川の中洲《なかす》や河原でおこなわれたものです。中洲や河原というのは神やほとけが支配する異界の地でしたから、取引の利益は、神やほとけのものであり、それを神やほとけがそれぞれの人に預けるというかたちがとられていました。

つまり、利益というのは神やほとけからの預かりものだったのです。ですから、農村でも都市でも、お金持ちや地主は、預かりものである利益を神やほとけの祭礼のときなどに村人や街の人に還元したのです。

これは、みんなが共存していくためのむかしの人の知恵でもあったのだと思います。

ところがいまの日本人は利益はみんな自分のものだと思っています。それがあたりまえだ、と洗脳されてきたのです。最近ではアメリカでもそういう人が多くなったといわれていますが、それは宗教心のない人が増えたということを示しています。

「じゃあどうすればいいのですか？」

そんな質問もよく飛んできます。

そうですね、まず自分で帳簿をつけてみればどうでしょうか？

自分が持っているお金と、それから自分はどれだけ社会に尽くすことができたのか、という帳簿です。あなたが持ってるお金の帳簿と、それからあなたが世の中のために実際やった善意みたいなものを、二重帳簿でつけてみるといいと思いますね。

仏教は「布施」ということを教えています。「布施」については後で詳しく説明しますが、「布施」とは、善意の積み立てみたいなものだと思っていただいていいですね。そして、ぜひ「布施」を帳簿につけてみてください。そうすれば、お金がすべてである、という考え方が、洗脳によって植えつけられたものであり、まったくの妄想であることがよくわかってくると思います。

Q　労働力の商品化は現代社会のシステムです。
　われわれは労働力を売るしかないと思うのですが？

現代日本は奴隷の社会である

　わたしはこれまでなんども「奴隷になるな」と話してきました。するとある読者から、「先生、あの言葉はきついです。奴隷という言葉は差別用語にもなりかねない言葉だからあまり使わないほうがいい」と注意されたことがあります。

　わたしはそのとき、「なるほどなあ、日本人らしい発想だなあ」と思いました。

　じつは日本の歴史には、世界の歴史と比べて、特殊な点が二つあります。世界にあって日本にないものが二つあるのです。

それはなにかというと、一つが去勢、もう一つが奴隷制度です。

去勢というのは牧畜社会では日常的なことです。上質な肉をとるためとかいろんな意味があって、牛や馬を去勢することが大事な仕事になっている。そしてそれが人間にまで適用されて宦官《かんがん》になるのです。これは日本には入らなかった。

奴隷制度というのも、どうも日本にはなかったらしい。『魏志倭人伝』に「生口《せいこう》」という言葉が出てきて、これが奴隷じゃないかという議論はあるのですが、よくわからない。また、古代の奴婢《ぬひ》が奴隷だったのではないかという説もあるのですが、これも学説としては定まっていません。ともかく歴史上明確に奴隷制度があったという資料は見当たらないのです。

この二つは朝鮮半島まで入っているのに、日本の社会に入っていません。たとえ入ってきていたとしても日本の社会には根づかなかった。そのために、日本人の考え方を特殊なものにしたのです。

どう特殊かというと、奴隷制度がなかったために、奴隷に対するアレルギーがないのです。

日本人は第二次世界大戦で核の洗礼を受けたために、核に対して異常なくらいの恐怖心を持っているのですが、それとおなじように、欧米をはじめとする外国の人びとは奴隷に対して非常に恐怖心を持っています。

「絶対に奴隷になってはならないぞ。また、他人を奴隷にしてはいけないぞ」

と、人間を奴隷化すること、あるいは奴隷にされることを嫌うのです。

ところが、日本人は奴隷という体験を持っていません。だから「奴隷」という言葉を聞くと、

「わぁ、かわいそうに」

という反応を示します。そうじゃないのです。

「わたしたちがいつ奴隷にされるかわからない、そういう危機なんだぞ」

そういう緊張感を持って聞くべき言葉だと思うのに、それが日本人にはわからないのです。

奴隷とは商品化された人間のことである

日本人は、奴隷というと、アフリカの黒人奴隷を想像するようです。生殺与奪の権利を主人に握られ、鉄鎖をつけられ、鞭《むち》で労働に駆り立てられる奴隷です。もちろんそういう奴隷も多かったでしょうが、実際にはいろいろな奴隷がいたのです。

古代ギリシャ・ローマの例では、農園や鉱山の労働者は奴隷で占められていましたし、商工業や家事労働の従事者も奴隷身分の人びとが担っていました。あるいはその才能を買われ、歌手や踊り子、医師、秘書、家庭教師などになっている者もいましたし、奴隷制廃止を訴えて反乱を起こしたスパルタクスのように、闘技場でほかの奴隷やライオンなどの猛獣と真剣で戦う剣闘士も奴隷の身分でした。

つまり、当時の社会のかなりの職業が奴隷によって担われていたわけで、いまのわたしたちの職業とそう変わりはありません。

では、奴隷とそうでない人との違いというのはいったいなんでしょうか。

一般には奴隷は、「法的、社会的に人格が認められていない人」「個人としての権利・自由を認められず、他人の所有物として取り扱われる人」と定義されていますが、それは世間の定義です。

わたしは、奴隷を、

――商品化された人間――

と定義しているのです。

奴隷というのは商品化された人間である。

そう考えれば、日本の社会というのは奴隷の社会だ、ということがおわかりになるでしょう。

テレビをにぎわせているタレントと呼ばれる人たちも、視聴者というご主人に生殺与奪の権を握られた奴隷だし、その視聴者も、企業というご主人さまの奴隷なのです。みんなが奴隷になっている社会、それが現代日本の姿だと思いませんか？

その奴隷を大量生産しているのが、現代の教育です。

いまの教育は、子どもたちを「商品」に仕上げることを目的にしています。しかもいかに付加価値の高い「商品」を作り出すことができるか、ということが教育の善し悪しの指標になっていますから、子どもたちを受験競争に追いやることがいいことだと考えています。

いい高校を出て、いい大学に入って、一流企業や官庁に「高く売り込む」ことができる、と考えているからです。

子どもたちはそのために「がんばる」ことになります。でも、みんながそうした一流大学↓一流企業というコースに行けるわけではありませんから、競争に敗れる子どもたちが大勢出てきます。その子たちは競争の脱落者であり、不幸な子どもたちということになるのです。

教育というのは、本来、すべての子どもたちを幸福にするというのがその役割ですね。

ところが現代の日本人は、みんなが幸福になれるわけではなく、競争に勝ったものだけが幸せになる権利を得ることができる、と信じていますから、奴隷を作るための教育のあり方をだれもおかしいとは思わないのです。

そんな教育のせいで、日本人は自ら志願して奴隷になっていきます。

わが子を公園で遊ばせるにも「公園デビュー」して、自分たちを売り込まなければその仲間になれないと思っています。わが子をみんなからのけ者にされたくないというので、自分を「見せ物」にしてみんなのご機嫌を取り結ぼうというのです。みんなと仲良くしなければならない、みんなと同じでありたい。そういう強迫観念のために、公園仲間の奴隷になりたがるのです。

芸能人やプロのスポーツ選手は、もちろん自ら奴隷に志願した人たちです。その代償として普通の人よりいい俸給をもらえる可能性がありますが、その競争に勝つ人はごく一部です。そんな人はごくごく一部です。しかもその競争に勝ったからといって奴隷から抜け出たわけじゃない。有名で金持ちの奴隷になっただけです。

奴隷志願者は、なにもTVに登場する人たちばかりではありませんね。わたしたち日本人すべてが、自分を少しでも高く売り込むことに必死になっています。

サラリーマンも役人も、自分の才能や長所をアピールして上司に目をかけてもらい、有利な仕事をまわしてもらって実績を上げ、出世しようとつねに競争しています。長所や才能がないと自覚している人は、無理をしてでも実績を作って会社に評価してもらおうとします。そんな努力が、人をおどしてまで金を回収しようとする金融会社の社員のようにさせてしまうのです。

　そんな出世競争に勝ち残って社長になったとしても、それは奴隷が奴隷の長を務めているだけです。立派な邸宅を建て、おいしいものをたらふく食べて、それでもあきたらずに欲望にもがき苦しむ多財餓鬼の奴隷になるだけです。そうとも知らず、人びとはより高いお金がもらえるところへ行こうと、もがきます。より出世しようと、競いあい、だましあい、人を蹴落としながら、妄想に向かって突き進んでいきます。

　でも、こう言うと必ず、

「どうせ同じ奴隷なら、ぼろアパートに住んでいるより、大邸宅に住んでいたい。そのためには貧乏な奴隷より、裕福な奴隷でいたい」

と言う人が出てきます。

　わたしはなにも、タレントになったり、社長になったりすることがいけない、と言っているのではありません。現在の社会の中でそういう役割を担う人が必要なことは当然です。しかし、そういう地位に就くというのは「縁」によるものです。自分を奴隷にしてまで、はい上がって多財餓鬼になろうとすることが悲しい、と言っているのです。

まあ、それでもなりたいという人はどうぞ裕福な奴隷になってください。

でも、そういう人は、奴隷というもののおぞましさがわかっていないのです。自分が奴隷であることにほんとうは気づいてさえいない。

ある経済学者が、

「日本の労働者は、上司にちょっと目をかけてもらったことを喜ぶ。しかし欧米の労働者は、みんなが平等に扱われることを求めて、ひいきされることを喜ばない。一人だけ引き立ててもらうとか、優遇されるということ、これは奴隷のこころだと考えている」

と、指摘しています。

アメリカ人は、奴隷的情況に置かれるということは最大の罪悪だ、と考えています。わたしたち日本人から見てとんでもないと思うのに、日本に対して貿易の自由化を迫ってきます。なぜ取引の自由を規制するんだ、それは奴隷の行為じゃないか、と言っているのです。イランやイラクを執拗に攻めるのも、奴隷的境遇に置かれている人びとを絶対に解放しないといけない、という思想が根源にある行動だと見るとよくわかります。

最初の質問に戻りましょう。

「労働力の商品化は現代社会のシステム」であるというのはよくいわれることです。でも、ほんとうに「労働力」の商品化が現代日本社会のシステムなのですか？　ほんとうにみなさんは労働力だけを売っているのですか？

もし労働力を商品化しているというのであれば、アメリカの労働者のように午後五時までは売るけれどもアフターファイブはいっさい自分の自由にするという覚悟を持っていただきたいのです。現代社会のシステムであるんだというのならば、ちゃんとシステムどおりやってください、と言いたいのです。

日本の労働者は、自分の労働力を商品として売り渡すのに、相手に媚《こ》びて、妾《めかけ》みたいな状況に自分を追い込んでいるじゃありませんか。それは労働力の商品化ではなくて、人間の商品化です。それを奴隷というのですよ。日本人はすっかり会社の人間になってしまって、すべて会社のいうがままになっている状況ではないのですか？　そこをよくよく考えていただきたいのです。

だから、労働力を商品として売ることが現代のシステムとしてしかたがないならば、それはそれでいいのです。ですが、絶対に思想までは売り渡してはいけないのです。

わたしは兵器産業に勤めることが悪いとは思いません。しかし、兵器は悪であるという思想を持って勤めていただきたいのです。自分が煙草会社に勤めてる労働者だからといって進んで煙草をのむようなまねはしてほしくない。「煙草は麻薬なんだ」と、常にそういう意識をもって勤めてほしい。そして会社の悪を糾弾しながら、自分の労働力を商品として売ればいいのです。

それが、「労働力の商品化」のほんとうの意味だと思います。

Q　人間も含めてあらゆる生き物は結局利己的なものではありませんか?

科学の理論はあくまで仮説である

日本人は科学というものを非常に信仰しています。

でも科学というのは、じつはひとつのイデオロギーです。現実の世界を矛盾なく説明できる原理を求めようとするイデオロギー。それが科学です。そのためにさまざまな仮説を立て、その仮説で、この現実の社会のありようを矛盾なく説明できれば、科学は成功したことになるのです。

ですから世の中にはいろんな仮説があります。

ニュートン力学を例にあげてみますと、この仮説は、力というものに関して、この宇宙のありようを一つの物理的法則で、ここまでの部分は矛盾なく説明できますよ、というものです。ところが、いろいろな実験や観測でニュートン（一六四三―一七二七）の仮説では説明できないことが見つかってきますと、こんどはアインシュタイン（一八七九―一九五五）の相対性理論という新しい仮説が生まれ、その仮説で宇宙のありようが説明されるようになります。

生物学の世界に「利己的遺伝子」という仮説があります。「利己的遺伝子」は、ドーキンス（一九四一―）というアメリカの研究者が発表した、生命のありようを説明する仮説のひとつです。

その仮説では、「生物の遺伝子というのは、その遺伝子が存続することだけを目的とした存在」であり、「生物とは、その遺伝子が自分を存続させるためにプログラムしたロボットにすぎない」というのです。

生物というのは、遺伝子が自分を生き残らせるために存在するもので、他の生命のことなどいっさい考えていない、ただ自分が永続的に生き残ることだけを考えている利己的なものだ、という説です。この仮説は、動物や人間の社会で見られるような、たとえば親が子を保護したり、親子が対立したり、兄弟が争ったり、雄と雌が闘ったり、ナワバリ行動をするといった生物社会学的な現象を矛盾なく説明した、とされている理論です。

——生物は共存している、というけれども、その遺伝子というのは自分のことしか考えていないんだよ。自分が生き残るために有利だと考えれば他の動物とも共存するけれども、それはあくまで自分の存続につごうがいいときだけで、それが共存しているように見えるだけだよ——

この理論はそう言っているのです。

でも、それはその学者が指摘している現象や、わたしたちが常識的に見ている現象を矛盾なく説明できるという段階にしかすぎません。

わたしは仏教者ですから、その仮説のお世話になってそういうものの見方でものを見ようとは思いません。

たとえば、いまの金融システムを説明するには、利子だとか投資だとか、そういう概念で説明すれば説明できるでしょう。そういう面もあるでしょうが、仏教者にとってはそういう概念は必要ないのです。

　科学とはまったく別の現象でいうと、「霊」というのがあります。

「霊」が見えると言う方がおられます。そういう人に会ったときに、わたしは「ああ、そうですか」と答えるだけです。「霊は見えないはずだ」とは言いません。「そんなのが見えるというのは、あなたが嘘をついてるんだ」とは絶対に言いません。なぜなら、「絶対」という概念が仏教にはないからです。

『般若心経』は「空《くう》」という考え方を示しています。「空」というのはどういう考え方かというと、「見える人には見える、見えない人には見えない」ということです。さっきの「利己的遺伝子」でも、「利己的遺伝子」があると考える人にはあるし、ないと考える人にはない、というのが「空」の考え方なのです。

　ですからわたしは、「あなたには霊が見えるのですか。しかしわたしには霊は見えません。わたしはそれで十分です」と言うのです。「霊を大事にしたら自分の不幸がなくなる」とか、「霊を粗末に扱うとたたりがある」と言う方がいらっしゃるのですが、「わたし自身は霊のお世話にならないで生きていきます。だからわたしには必要ありません」と答えるのです。

「霊が見えるというのは、そりゃインチキだ」と否定する人は間違っています。逆に

「霊が見えますか、それは仏教でいっても正しいんですよ」というのも間違っています。

生物は利己的な存在だ、というようなことを言われる人は、この世の中をすべて利己的に見ておられる。けれども、わたしはそう見る必要はないと思っているのです。

生き物はみんな布施しあって生きている

では、わたしは生物のありようをどういうふうに考えているのか。

わたしは毎年夏休みに百人ぐらいの子どもたちと禅の会をやっていて、そこで話をするのですが、ある年、「きみのいのちはだれのものだ？」と、小学生が主体になっている子どもたちに聞いたことがあります。

すると元気な子どもがいて、

「先生、わかってるよ。ぼくのいのちはぼくのもんだ」

とすぐ答えました。

「それじゃあ魚のいのちはだれのもの？」

「それは決まってるよ、魚のもんだ」

「それじゃあ、ゴキブリのいのちは？」

「ゴキブリのもんです」

「それじゃあ、なんで君は魚のいのちを食べるの？」

そうすると、「えー、だってー」。

「なんでゴキブリ殺すの？」

そう聞くと、「えー、だってー」。

別の小学生が助太刀して、

「先生、お金払ってるから食べてもいいんです」

と言いました。

「でも考えてごらん。魚がお金もらってる？　お金もらってないよね」

すると子どもたちは「わからない」と答えます。そして逆に、

「じゃあ先生、自分のいのちは自分のもんじゃないんですか？」

と聞いてきました。そこでわたしは、

「ほとけさまのものだよ。ほとけさまが魚にいのちを預けておられる。そして魚は、どうぞ人間さん食べてください、といって魚のほうからいのちのプレゼントをしてくれてるんだよ」

と説明するのです。もちろん仏教では「布施」という言葉が正しいのですが、子どもたちには難しいのでプレゼントという言葉を使います。

「君たちが夏休みにトンボのしっぽちぎったりして遊んでいるけれども、それはおもちゃのない子どもたちに楽しんでねと、トンボが自分のいのちをプレゼントしてくれてるんだから、思う存分に遊んでいいんだよ」

そして「それはいじめじゃないと思うね」と子どもたちに説明するのです。

「みんな、ほとけさまからいのちを預かってるんだよ」

わたしはそう考えているのです。

アメリカのアリゾナ州にあるケイバブ自然公園で実際に起きたことですが、数千頭の鹿をもっと増やそうとして公園当局が鹿を襲う肉食動物を殺したことがあります。その結果、たしかに鹿はどんどん増えました。ところが、増え続けたために、やがて食糧不足に陥って全滅してしまったのです。

わたしたちには肉食動物は悪い動物だ、だから殺してもいいという発想があります。この発想の原点は弱肉強食の思想です。

弱肉強食の思想は、「強いものが勝ってあたりまえ、世の中は強いものが勝つようにできているんだ」という考え方ですが、その反対は、「強いものが勝つというのはおかしい、強いものをやっつけて、弱いものを助けよう」ということです。まさに

「強きを挫《くじ》き、弱きを助ける」ですね。でもそれは弱肉強食の思想の裏返しでしかありません。

たしかにこの世の中の説明原理として、弱肉強食という仮説は成り立つのかもしれません。でもわたしはそういう仮説をとりません。

人間というのは、もともと、自分さえよければいいというふうには作られていない。もちろん自分さえよければいいという行動をとるようなこころも備わっているけれども、みんなで一緒に生きていこうというこころも宿っているのだ、と考えています。

この「みんなで一緒に生きていこう」というこころを仏性と名づけているのですが、それは宝石の原石のように人のこころの中に隠されているんだ、というのが仏教の考え方です。

わたしは、この世の中というのはみんなが布施をしあっているんだ、と考えます。

たとえば鹿が、

「狼さん、草食動物のわたしたちを食べるなんてあなたはけしからん」

と言っても、結局自分たちが自滅していく結果になるだけです。だから、

「狼さん、今度はわたしの番ですね。どうぞわたしを食べてください」

と布施をする。そして狼は、手を合わせてそれをいただく。

わたしたち人間はみんな、いのちの世界から布施をされているわけですから、人間も布施をしなければなりません。生きているあいだは、生きているときにできる布施をする。そして死ぬときには、死ぬときにできる布施をするのです。

わたしは人間が死ぬことも布施だと思うのです。

いのちの世界をみんなに譲って自分のいのちを死んでいくわけですから。

喩《たと》えてみれば、人間は満員電車に乗ってるようなものです。自分がいつまでも乗り続けていれば他の乗客は乗ってこられません。だから「わたしはつぎの駅で降ります。残られた方はどうぞ快適な旅を続けてください」と言って電車から降りれば、その分だけスペースが空くわけです。それはみんなを楽にさせる、それが布施になっていると思うのです。そう思えば楽に死んでいけるんじゃないでしょうか。

もしあなたが「この世で生きているのはじつは利己的遺伝子なんだ」と思いながら生きていって、それで楽になるんだったら、そう考えてください。

でもわたしは、わたしが解釈した仏説のほうがすばらしいと思うのです。

第2章　世間の物差を捨てよう

Q　宗教は人間の自由な考え方を束縛すると思います。無宗教のどこがいけないのですか？

無宗教は、無節操と同義語である

わたしは、すべての人に宗教を持つべきだとは言いません。

この娑婆《しゃば》世界で十分満足しているという人は、娑婆世界で生きればいいのだと思います。金儲けをしていい生活がしたい、という人はエコノミックアニマルとなってのたうちまわればいいと思いますし、おいしいおしっこを飲みたいと思う人は、おしっこを飲み続ければいいと考えています。

ですから、わたしは無宗教であってはいけないと思っているわけではありません。

ただ、宗教が、自由を束縛するという誤解は解いてほしいと思います。

宗教が、自由を束縛するものだと考える人は意外に多いのですが、その理由はさまざまな宗教教団のあり方に対する批判なのでしょう。現在の宗教教団が、世間の物差を振りまわして道徳的な発言をしてみたり、政党の支持組織になったりしている現状を見れば、宗教というのは、世間と変わらず、人の自由な考え方をただ縛っているだけだ、と考えるのも無理はないでしょう。でも、それは世俗的な教団組織としての振る舞いであって、そこに宗教があるのではありません。

では宗教というのはなにか、というと、わたしは、

「にもかかわらずわたしはこうする（こうしない）」

ということだと考えています。もっと日常的な用語に置き換えれば、「節操」と呼んでもいいでしょう。

世間一般で、「こうしたほうが儲かりますよ、あなたもこうしなさい」とすすめられたとき、「なるほどねえ、そりゃ儲かるでしょ、でも、わたしはそこまで悪どくはやりたくないですね」という、「にもかかわらずそうしない」というのが宗教なのです。

いま日本人は、そういう宗教を持っていません。だから無節操、無規範の状態です。

それは「赤信号みんなで渡れば怖くない」と、世の中の流れに従って生きていこうとしているだけの状態です。

たしかにみんなで渡れば赤信号も怖くないでしょう。しかし、もちろん青信号でも渡るでしょうから、停められている自動車のほうは何時間待てばいいかわからない。

その待っている自動車のことはだれも考えないのです。

「自分がよければそれでいい、待っている自動車のことは知りません」

それが無宗教ということなのです。

だから「無宗教でいい」と言う人は、自分は「無節操な人間だ」と言っているのと同じなのです。

世間にはさまざまな欲望が渦巻いています。誘惑もあります。だましあいもあります。その流れに従って生きていくのが無節操な人間の生き方です。

人とのつきあい方もすべて利害関係。その利害関係が崩れるとたちまち裏切りの関係になります。

「おまえが甘い汁を吸わせてくれるからつきあっているんだ。利益にならないのなら裏切るぞ」

親と子もそうですね。子どもがかわいいあいだは「わたしは自分の子どもを愛している」とネコかわいがりしていても、ひとたび反抗しようものなら「おまえなんか生むんじゃなかった」とたちまち憎しみの関係に変貌してしまいます。そしてほんとうに生むんじゃなかったと思うようになる。そう、たぶんその人も親からそう思われていたんでしょうね。

世間に流されて生きるというのはそういうことです。そして「それが人間なんだから、いいじゃないか」と開きなおるのもまた無節操な人間の特徴です。

これが無宗教であることの実態です。わたしはそういう世間を絶対視してほしくないのです。

「いえ、世間にはそういうこともありますが、でもわたしたちの社会は規律を持ち、りっぱな道徳を持っています。そんな無節操な考え方は、規律や道徳で十分抑えることができます」

きっとそういう意見もでてくると思います。

しかし、それはほんとうでしょうか？

わたしたちは、大東亜共栄圏運動のあの軍国主義華やかなりしころから、「世間さまに恥じないように」「もっと世間の役に立つ人間になりなさい」と教え続けられてきたのです。「滅私《めっし》奉公」ということを洗脳されてきたのです。そしてそれはいまも変わりません。

その時代、「滅私奉公」の「公」というのは天皇であり国家でした。もちろんいまは、そういう確固とした忠誠原理があるわけではありません。でも、いまの「公」は世間です。世間のために自分を犠牲にして、役に立つ人間になりなさい、人には親切にしなさい、あなたが持ってる欲望は恥ずかしいことだからやめなさい、と洗脳し続けています。それがいまの規律や道徳なのではありませんか？

そう洗脳しながら、いまの規律や道徳は、資本主義社会が、個人の欲望を煽り、人間を「奴隷」として改造していることを肯定しています。そして、そのシステムが人に苦痛を与えているのを知っているからこそ「人に親切にしなさい」と言っているのです。こんな規律や道徳は、ほんとうにいやらしく、汚いものだとは思いませんか？

そういう世間の汚さやいやらしさを批判し続けてきたのがマルクス主義です。世間というものが必ずしも万全のいい世界ではないんだよということを、いかに労働者が搾取されているかということをマルクスは『資本論』に書きました。一方の利益が他方の不利益につながる、そういう階級闘争があるんだということを論理的に示してきたわけです。

一方で、ダーウィン（一八〇九―八二）にはじまる進化論は、逆にこの世の中の原理が「弱肉強食」であり、また「状況に適応したものだけが生き残れるんだ」ということを主張してきました。

弱肉強食ということは、世間というのは強いものが勝つんだ、ということです。状況に適応したものだけが生き残れるというのは、社会の流れに逆らうな、という論理につながります。

そしてそれは自然の法則なのだから、強いものと社会に適応したものが勝つ、ということを認めないといけない、という論理に発展させるのです。これはいまに至るまで主張されていることで、要するに体制擁護派のイデオロギーです。体制擁護派のイデオロギーなのですが、しかしそれは逆にこの世の中は汚いものだ、人は世間に流されるものだ、ということをわたしたちに教えてくれてもいるのです。

ところが世間の汚さ、いやらしさを批判していたマルクス主義が崩壊してしまったのが現在の状況です。

そうすると、この世の中の汚らしさというもの、この世の中の頼りなさみたいなものはやはり宗教者がもっと説くべきだと思うのです。この汚くいやらしいものである世間を「にもかかわらず、そうしない」と否定する、それが宗教の大きな仕事なのです。

宗教を持つことは、世間の物差を捨てることである

イエス・キリストは、なんとかキリストを罠《わな》にかけて抹殺しようとするファリサイ派の人たちから「税金をおさめるべきか否か」と問われたときに、

「それでは、貨幣を見せてみろ」

と答えました。

当時の貨幣は、ローマのデナリオン銀貨といって、皇帝の肖像が刻印されていたのです。

そこでキリストは「皇帝のものは皇帝に、神のものは神へ返しなさい」と言いました。

キリストは「わたしは皇帝のものとは別の、神の原理を説いているのだ」と言ったわけです。

それを聞いてファリサイ派の人たちはすごすご引き上げたといいます。

皇帝のものとはなにかと言えば、お金ですね。

皇帝の世の中というのは、貧しい者は不幸で、金持ちが幸せなんだという価値観です。

そしてファリサイ派の人たちはその価値観の支持者です。これが世間の物差ですね。

また、キリストはこうも言っています。

「幸いなるかな、貧しき者」

「神の国は近づけり、悔い改めよ」

――貧しいものが不幸で、富めるものが幸福であるというのは世間の物差だよ、神の原理では、貧しいものが幸福で、金持ちは不幸なのだ、いままでの世間の物差はもう通用しないのだよ。そして、その神の国が近づいているんだよ。世間の物差でものごとを測っている人びとは悔い改めなければ、神の国には入ることができないのだよ——

キリストはそう言ったのです。そして、

「金持ちが天国に入るのはラクダが針の穴を通るより難しい」

と、世間の物差に毒されている人びとに忠告しています。

金持ちが幸福だという世間の物差をみごとに逆転させて、貧しいものが幸福な世界が神の世界だ、とキリストは言っているのです。これが宗教の世界です。

Q　人間の成長は他人と比較することから始まるのではないでしょうか？

他人との比較は人間の選別化の始まりだ

いまの日本人はどうも人間を改造することが大好きです。

どういうふうに作り変えるのかというと、企業や世間のロボットにするのです。そして、それが成長だと思っています。

しかし、わたしに言わせれば、人間のほんとうの成長とは、それぞれの人がその内に持っているほとけごころを、徐々に磨いていく過程です。それを端的にいえば、老化です。人間が歳をとっていくこと、これが成長なのです。

「わたしは老いることは大嫌いだ。いつまでも若くいたい」

とんでもない、老いることが成長なんですよ。そんなことを考えているあいだは、いつまでたっても成長できません。

子どもは一日一日老いながら成長していきます。大人もまた同じ時間を老いながら成長しています。

たとえばここに筋ジストロフィーの子どもがいます。筋ジストロフィーは筋力が自然に衰えていく病です。それはその人がその人になっていく過程だと考えていただきたいのです。

ところが、わたしたちは「筋ジストロフィーは重い病気である」という物差を勝手に作って測っているからです。

その物差は「世の中の役に立つ人間」を基準にして作られています。

そして、どういう人間がどういうふうに「世の中の役に立つか」というのを比較し、選別する役割を持っています。ですからその物差は、老病死というのは「世の中の役に立たない悪いものだ」と測ります。病気は悪い、なかでも治らない病気はもっと悪い、ましてや老いることや死ぬことは最悪である、と測るのです。そして、物差が「少し改造すれば役に立つ」と測れば、人間の改造が始まるのです。

「世の中の役に立つ」人間とは、商品化できる人間、「奴隷」としての人間のことです。つまり、人間の「商品度」を測るのがこの物差の役割だ、ということができます。

わたしは、老いや死というのは、氷が溶けて水になっていくように、徐々に、しかし確実に変化していくものだと考えています。

ギリシャの哲学者であるエピクロス（前三四一〈三四二〉—二七一〈二七〇〉）は、

「生きているあいだは死んでいない。死んだときには生きていない。だから死はなんでもない」

と言っています。

ある点までは生きている、ある瞬間から死になる、だから死を恐れる必要はない。死を点のように考えているのです。

これは、仏教の考える死とはまったく違います。

仏教の考え方は、連続的な変化なのです。

氷が溶ければ水になります。氷は最初は一〇〇パーセントの氷ですが、いきなり一〇〇パーセントの水になるわけではありません。一〇パーセントが水で、九〇パーセントが氷という状態から、六〇パーセントが氷で四〇パーセントが水、そして二〇パーセントが氷で八〇パーセントが水、というふうにどんどん変化して、そしてついに一〇〇パーセントの水になるのです。

同じように、人間も、生きているという状態からどんどん死に近づいていきます。それが老いですね。どんどん老いが進んで死のパーセンテージが増えていく。死というのはそういう連続的変化なのです。ですから老いと死はワンセットになっています。

そして死後どうなるかというと、ほとけさまになるのです。ほとけの国に行く。

そう考えれば、老いというのはわたしたちの中にほとけごころがどんどん芽生えてくるプロセスです。そして死後はほとけさまそのものにならせていただける。

つまり老死とは、人間がほとけになるという連続的変化だと考えていただければいいのです。

そう考えれば、老いや死というのは、みんなほとけをめざして生きているすばらしいものだというのがおわかりいただけると思います。

それは決して他人と比較する問題ではありませんね。

他人と比較するのは、この世の物差、つまりこの世の中が勝手に決めた価値観が、わたしたちを選別するからです。その価値観では、成長とは「世の中の役に立つ人間」になるために進むことです。

しかし、その成長はあるピークを過ぎるとこんどは退行となります。老いれば老いるほど「役立たず」になっていくのです。病気になっても「役立たず」になります。

そんなバカな物差を振りまわさないでほしいのです。

ですから、お子さんをほかの子と比較する必要はありません。お子さんのいまのありようをしっかり見てあげましょう。それをすべて肯定してあげてください。

「あなたがあなたであっていいんだよ」

と。そして同時に「自分が自分であっていい」ということも肯定してください。

そのことがわかるということは、すばらしいことです。

Q　だれもが世間の尺度でものごとを測っているのでは？

世間の物差がものの本質を見誤らせている

人間の物差でものごとを測っているわたしたちの社会というのは、金があるというだけで、のほほんと暮らすことができる世の中です。悪いことは全部部下に責任をとらせ、自殺するのは中間管理職。そしてお金や権力があるものは生き残っていく。そして自殺せざるをえない立場に追い込まれた人を、バカな奴だといってせせら笑っている。そんなシステムです。

そんなシステムを、みんながその物差で測っているのだからそれでいい、とほんとうに言えるのでしょうか？

わたしたちはいまの日本の状況だけに捉《とら》われていることが多いのですが、視点を世界に広げてみると、金持ちの国であるアメリカや日本と、貧しいアフリカやアジアの国々という構図が見えてくるはずです。アフリカやインドでどれだけの人が泣いているか。そういう構図の中で地獄のようになっているところがどれだけあるか……。

そうした問題に気づいた人も大勢いるのですが、そうした人たちも、その問題をこの世の中の物差で解決しようとして四苦八苦しているのです。

一九五〇年代のことですが、アフリカのある地域で、乳幼児死亡率が八〇パーセントを超えていました。あまりにも悲惨だということで、世界保健機構（ＷＨＯ）がイタリアの医師団を投入して徹底的なマラリア撲滅運動を展開したのです。その結果、先進国並みとはなりませんでしたが、乳幼児死亡率を一〇パーセント台まで下げることができました。そこでめでたしめでたしということで医師団は帰国したのです。

十年後、ＷＨＯは再調査のために調査団を送り込みました。ところが調査団は村に行き着くことができませんでした。村が消えうせていたのです。

その村では、生まれた子どもの十人中八人以上が死んでいたおかげで、みんなかつかつで生きていたのです。ところがマラリア撲滅運動の結果、十人中八人以上生き残ったために人口爆発がおきた。食べるものがなくなってしまったのです。隣近所の村だってみんな貧しいから、食糧を分ける余裕がない。そのためにみんな餓死してしまったというのです。

ＷＨＯはいったいなにをやったのか、だれもが首を傾《かし》げたわけですね。

もうひとつ、最近、科学哲学者の村上陽一郎さんから聞いた話をしてみましょう。

アメリカのネスカフェというコーヒー会社が、消費者からボイコット運動を受けたという話です。なぜボイコット運動を受けたのか。

それは、ネスカフェがアフリカの飢餓を救おうというキャンペーンをして、アフリカに粉ミルクを贈る運動を展開したのですが、粉ミルクを贈ったがために、アフリカの子どもたちがどんどん死にはじめたからなのです。

なぜそうなったのでしょうか。

ちょっと考えればわかることなんですが、哺乳瓶というのは、きれいに煮沸消毒してから粉ミルクを入れないと細菌の巣窟《そうくつ》になってしまいます。ところがアフリカでは水は貴重品ですから、ちょちょっとゆすいだだけで粉ミルクを入れて赤ちゃんに飲ませてしまうのです。つまり赤ちゃんは細菌を飲まされている状態になってしまったのです。

それに加えて、貧しいアフリカの国に金銭的な価値が高い粉ミルクを送ったために、それが乳幼児にいき渡らず、闇《やみ》に流れてしまったのです。栄養状態を保つためには粉ミルクを三杯入れないといけないのですが、村人たちはそれを一杯にして、二杯分を物々交換のために売ったのです。そのために赤ん坊が栄養失調になってしまったというのです。

こうしたことが重なって、かえって乳幼児死亡率が高まったわけですね。

子どもを救おうとするなら、まず親を救わないといけないのです。お母さんのおっぱいが出るようにすることが先決です。

ところが、粉ミルクを贈った側が、世間の物差でものごとを測っていますから、「貧しいところにはものを贈ればいい」という近視眼的な発想で対処してしまうのです。

こういう失敗は、じつは日本の海外援助機関であるジャイカ（ＪＩＣＡ）などがさんざんくり返してきました。そのたびに批判を受けているのですが、いっこうに改まりません。なぜかというと、援助先の人びとが置かれた立場や考え方を、まったくといっていいほど理解しようとしないからです。いや、理解できないのです。

なぜ理解できないのかというと、それは自分たちの社会の物差で、援助先の人びとを測っているからです。

第一に、その物差が、アメリカや日本のような経済先進国の社会がすばらしく、アフリカやアジア諸国は遅れている、という物差だからです。遅れている国の問題は、先進国の考え方や技術やシステムを持ち込めば、解決できるのだ、と考えているのです。そこには資本主義社会のシステムが最善である、という発想があります。

第二に、この世の中のことはすべて金で解決できるのだ、と考えていることです。だから、お金持ちのアメリカや日本が、貧しい国に与えるのは「金やものが一番いい」と考えてしまうのです。資本主義社会の人間は、人間というのが、ほんとうはどういう考え方で生きているのかということを知らないし、また知ろうともしないのです。いくら金を出したかでその人の立場を測ろうとする物差を、そのまま海外に輸出しているのです。それは、援助しているよ、というポーズにすぎません。

第三に、援助が、科学主義に基づいているからです。科学というのは分科学です。それぞれ専門の分野の中でしか、ものを見ようとしません。医学なら医学、栄養学なら栄養学、その範囲だけでものを見ます。

さきほどのＷＨＯの場合は、マラリアがはびこって悲惨だというので、医師団を派遣します。マラリアを撲滅すればいいと考えたのです。マラリアを撲滅したらその村はどうなるか、ということを考える人はだれもいなかったのです。

ネスカフェの粉ミルクも同じです。栄養学的にはたしかに、粉ミルクを赤ちゃんに飲ませることが効果的かもしれません。でも、水もなく、ものがない社会に突然高価な粉ミルクを持ち込んだらどういう現象がおこるか、ということをだれも考えなかったのです。

でも、人間はそんな各分野の集積ではありません。生きるというのは、まさに全体性なのです。

同じようなことを、日本のお医者さんが書いておられます。竹中文良さんという日赤のお医者さんが書かれた『医者が癌にかかったとき』という本です。竹中先生が、昭和四十五年に国際赤十字連盟の要請でナイジェリア内戦終結直後のビアフラに医療活動に行かれたときのことです。

ある日、一人の青年が毒蛇に右腕を噛まれ、壊死《えし》状態になって病院にやってきました。噛まれた腕を切断しないと毒がからだ全体にまわってしまう。そこで午後から手術することにしたのですが、その青年はいくらたっても現れない。

看護師にどうしたのか聞いたら、「いま説得している」というのです。しばらく待っても来ないので、病室に見に行くと、その青年がポツンとベッドに寝ていたのです。そして「手術は受けたくない」と拒否するのです。「受けないと死ぬんだよ」と言うと、その青年は「死にます」という。そしてその四日後に、その青年は病院で死んだのだそうです。

竹中先生はそのとき、その若者がなぜ手術を拒否したのか理解できなかったといいます。

しかし、しばらくのちに、アフリカで写真を撮り続けてきた岡村文彦さんというカメラマンに出会い、その話をすると、岡村さんは「その青年の部族は、厳しい自然の中で生き抜くために、大家族制をとっていて、そのような人間が帰ってくればそれだけ家族の迷惑になる。その家族を思って、その青年は死を選んだのだろう」と解釈したそうです。

竹中先生は、のちに自分が癌にかかって「死の恐怖」にさいなまれたときにその青年の死を思い出し、「自分の動揺や煩悶《はんもん》にひきかえ、あの若者の死に際の簡潔なこと、自然なこと！」と言っておられます。

この青年がなぜ死を選んだのか、わたしはこう思うのです。

毒蛇に嚙まれても、場合によれば手術をしないでいのちが助かることもあります。そうすると、この青年は胸を張って「神さまが助けてくれたんだ」と自分の家に帰っていけるのです。そして家族も決してかれをいじめない。

「よかったね、神さまのお助けによって、いのちが助かった」

しかし、人間の手術によって片腕になれば、

「おまえ、いのちが惜しくて助けてもらったのだな」

と、だれにも祝福されない。

なぜなら、「ぎりぎりの生活状態の中で、ハンディキャップを負った人間はみんなの迷惑になるだけだから」と思われてしまいがちだからです。

岡村さんは先の言葉に続けて「日本にもむかしは枕落としや姥捨《うばす》てがあったでしょう。あれに似た感覚でしょうね」と言っていますが、そういう自然な死を宿命として自ら選ぶ、という感覚は、「いのちを長らえること」を目的としているお医者さんにはとうてい理解できなかったのでしょう。

わたしたち日本人は、日本の社会にある物差があたりまえのように考えて、その物差がどこにでも通用するのだと思っているようです。しかし、いまわたしたちが手にしている物差は、世界ではほとんど通用しない物差です。

それはなぜかというと、その物差が「人間が生きるということの本質を外したもの」だからだということを知ってほしいのです。

Q　人間には愛があります。
　この愛こそ社会を変える原動力だと思いますが？

人の愛はそう信用できないものですよ

三浦綾子さんの『藍色《あいいろ》の便箋』という本の中にこんな話が出てきます。

朝鮮戦争のときのこと、動乱が起きてすぐに、日本にきていたアメリカ人の青年が日本から朝鮮の戦場に飛び立っていった。家族はその安否を気づかっていたが、そのうちに音信が途絶えてしまった。戦死したのでは、と案じていた家族のところに、帰国した息子から電話がかかってきて、「ぼくは負傷している」という。お父さんは喜んで、「すぐ迎えに行く」と言うと、息子は、

「友人を連れていっていいか、その友人は両足を切断されているんだ」

と言う。

「二、三日ぐらいなら喜んでお世話しよう」

と答えると、息子は

「二、三日じゃないんだ。一生その友人の世話をしてほしい」

と言う。お父さんが、

「それは困る。一人で帰れ」

と言うと、息子は、

「自分はその友人と別れることはできないから、この条件を承諾しないのなら自分は帰らない」

と主張する。そこで父親は、

「すぐ決めるな、会って話し合ってからにしよう」

と電話を切って、迎えに行った。病院に着くと、係の人に遺品をわたされ「あなたの息子さんは自殺した」と告げられるのです。その息子の遺体に対面したら、両足が切断されていた。

つまり、親友だと言ったのは自分のことだったのです。

「これ、どういうことなんですかねー」

と三浦さんにきいたのですが、あんまりよくわからないとおっしゃるのです。

わたしは一生懸命考えました。

おそらくこの青年、両足が切断されたあと必死になって考えぬいたんでしょうね。

――ぼくが助かって生きてるとなれば、きっと両親は喜んでくれるだろう。しかし両足を切断されたこんな姿では、両親の庇護を受けなければならない。最初のうちはいいだろうけれど、やがて「こんな子どもがいなければ自由に旅行に行けるのに、ぼくがいるためになにもできない」と、いつか両足のないぼくのことを憎むようにならないとも限らない。「あの子いっそ戦死していてくれたらよかったのに」と思う日が来ないとも限らない――

いくら親が子を愛するといっても、一生面倒を見なければならないということは、肉親の愛情では解決できない問題だと思います。愛情というのはそう信用できるものではないのです。

だから両足を失った青年は、

「まったく縁もゆかりもない人を引き取って一生その人の面倒を見る、そういう覚悟で自分を受け入れてくれ」

と言いたかったんでしょうね。

お父さんは、たぶん宗教心がなかったから、愛情で解決できると思い込んでいたのです。

この世の中の愛情とは、

——親が子どもを愛するがゆえに、かえってその子を殺してしまう——

というところにまでいってしまうのですね。それが世間のありようなのです。

ひとむかしまえ、結婚式で「瀬戸の花嫁」がよく歌われる時期がありました。

「愛があるからだいじょうぶなの」と。

でも、わたしは、この歌を聞くたびに、

「なに言ってんだ。金があるほうがまだ大丈夫だよ。愛があっても成田離婚してしまうんだから」

と思っていました。

わたしたちは、肉親の愛情、親と子の愛情、夫婦の愛情といった「愛情」でものごとが解決できると思っています。けれども、世の中には愛情では解決できない問題が山とあります。いや、いっさいの問題が愛情では解決できないのです。お金で解決できる問題でもありません。お金で解決できる問題もあるかもしれませんが、アフリカに贈った粉ミルクのように、お金で解決しようとして、かえって悲惨なことになる場合もあるのです。

人間の知恵、世間の物差というのはそういうものだと思います。

Q　努力することがなぜいけないのですか？

努力には「していい努力」と「してはいけない努力」がある

「努力なんかしないほうがいい」

わたしはいつもそういっては、人から誤解を受けます。

「出世するために努力するな」というと、「出世することが悪いというのか」と怒られます。

そうではありません。出世することが悪いと言っているのではありません。出世できるのならば出世していいのです。ただ、「出世するために努力することはおよしなさい」と言っているのです。

すると、こんどは「努力することがなぜ悪い」と言われます。

それも違います。努力することを否定しているのではありません。努力には「してはいけない努力」がある、と言っているのです。ただ、人が「努力する」と言うとき、それはたいてい「してはいけない努力」であることが多いのです。

ではどんな努力がいけないのか。

それは「自己否定」の努力です。

音痴の人がいるとします。最近はなにか集まりがあるとカラオケに流れるのがはやりになっていますが、だいたいカラオケに行こうと誘う人は歌に自信がある人ですから、その歌を聞くたびに自分の音痴ぶりが際立ってきて、とても恥ずかしい。音痴の人にとってカラオケは地獄のようです。そこでスクールに行って音痴を治そうとします。

でも、そのまえにちょっと考えてください。なぜ音痴じゃいけないんですか？

音痴というのはその人が持って生まれた個性です。その個性を否定する必要がどこにあるのですか。歌は、うまく歌うことが楽しいのではなく、歌うことじたいが楽しいから歌うのではありませんか。音痴だからといって、その楽しさが味わえないはずはありません。それに、ほんとうに歌を楽しく歌えば、音痴であろうとなかろうと、それぞれ独特の味わいがあるではありませんか。なにも自分の個性を否定してまで努力することではないのです。

出世だって同じです。会社の役職は、本来一種の機能です。ですから、縁があれば出世することになります。だから出世したのなら、それはそれでいいのです。もちろん、出世すればより会社人間にならなければならないとか、単身赴任しなければならないとか、さまざまな条件がつくこともあるでしょう。それがいやなら断わればいい。ただ、いけないのは、出世するために自分を否定してまでのし上がろうとする努力です。

上司や仕事仲間におべっかをつかい、自分の才能や業績を「売り込んで」なんとか出世するように努力する。そんな努力は自分の主体性を否定する努力です。自分を「奴隷」にする努力です。そんな努力はするな、と言っているのです。

「出世競争はみんながやっていることだから、自分もそうしなければバスに乗り遅れてしまう」

そんなことを言っているから、子どもが登校拒否をしてしまうんですよ。出世競争に参加して、自分を「奴隷」におとしめて、いったいいまのあなた自身の人生はどこにあるのですか？

人生に未来というのはありません。人生というのは、いま、この瞬間のことです。いま、この人生を楽しく、自分らしく過ごすことを考えようではありませんか。そのための努力は惜しまないでほしいのです。

わたしの知り合いにこんな人がいます。

その人は、小学校から中学校、高校の一年までは典型的な努力タイプで、学校の成績は非常によかったのです。でも高校二年になったときに、ふと考えた。

「こんな受験勉強ばっかりやっててなにが人生楽しいんだろう。そんなバカなことがあるもんか」

そう思って、いっさい学校の勉強はすまいと決心した。なにをやったかというと、自分の好きな勉強だけをしたのです。かれは英語が好きでしたが、学校の英語の時間は、ただ聴いているだけ。予習も復習もせず、教科書も家に持って帰らない。そして家では原書で小説を読んでいたというのです。かれはサマセット・モーム（一八七四—一九六五）が好きだったので、モームの小説です。最初は辞書を引きながら、最後には辞書なしで読めるようになったそうです。自分の勘でボキャブラリーを増やし、学校の試験もそのボキャブラリーだけで答え、授業の和訳でもぜんぶ自己流で通したのだそうです。数学でも好きな幾何や大学生用の「解析概論」を買ってきてやっていたといいます。

「でも楽しい勉強だったよ」と、かれは述懐しています。

そういう勉強のしかたもあるのです。ところがいまの子どもたちは、みんな学校の成績を上げようとしてがんばっています。でもおもしろくないから、苦しい。おもしろくないというのは自分の気持ちを否定しながら勉強しているからなんですよ。学校や受験にこだわらず、楽しい勉強をすればいいんですよ。

Q　癌の手術を受けるべきかどうか迷っているのですが？

努力すればするほど悪くなることもある

じつは、世の中には自分を否定する努力をすればするほど、真面目にやればやるほどぬかるみにはまっていく問題というのがいっぱいあります。

そのひとつが「闘病の思想」です。

現代人は、病気と闘うという努力はいいことだという考えを持っています。それは、いまの医学の思想がすべて「闘病の思想」になっているからです。

この思想が困るのは、まず糖尿病などの慢性病です。そういう思想で慢性病と闘っても、治る見込みはありません。

もう一つは精神病です。治そうと思えば思うほど、ますますひどくなるのです。精神病のばあい、闘う相手が自分の人格ということになってしまうからです。ですから、精神病は、病気そのものを自分の分身と考えて、病気そのものと仲良くすればいいのです。

ある鬱《うつ》病のカメラマンがいました。そのカメラマンが精神科医に通って、病気が治ったのです。すると治ったとたんに写真が売れなくなった。それまでは鬱病者の目でおもしろい写真を撮っていたんでしょう。治ったらただの人になってしまったというわけです。

そしてもうひとつは癌です。

まえにビアフラの青年の話に出てきた日赤の竹中文良先生のお話では、ちょっとした検診で見つかる癌などは、癌細胞がそこまで成長するのにすでに二十五年ぐらいかかっているんじゃないかといいます。からだの中で二十五年もかかってできてきたものなんて、まさに自分のからだそのものですね。わたしたち人間の存在そのものなんだといってもいいわけです。

そんな癌と闘う、つまり除去してしまえというのが現在の癌に対する療法です。

書店の健康コーナーに行けば、「癌と闘おう」と銘打った本がたくさん並んでいます。まさに「闘病の思想」のオンパレードです。

でも最近は、癌と「闘うな」ということを主張するお医者さんもでてきています。

『患者よ、がんと闘うな』（文藝春秋）という本を書かれた近藤誠さんという乳がんの専門医は、

「一カ所の癌を切っても、そのときはすでに他の臓器に転移していることがほとんどで、それで完全に癌が治ることはなく、かえって手術の後遺症のために、なにも治療しない場合より苦しいことがある」

という意味のことを言っておられます。また、癌というのは、

「本質的には細胞の老化現象であり、治らないものだ」

とも書いておられます。

つまり癌は、「治そう」と努力すればするほどかえって苦しくなることがある。それだけでなく、癌と闘うことは、人の老化と闘う、という自己を否定する努力をしているということになります。いわば「思うがままにならないこと」を「思うがままにしよう」として苦しんでいることになります。

「思うがままにならないこと」は「思うがままにしよう」としない。これは『般若心経』が教える「空《くう》」の思想です。『般若心経』は、そんな努力はするな、と教えているのです。

わたしはつねに「治るまでは治らない、治るときは治るんだ」と言っていますが、

努力すれば努力するほど悪くなることもあるということを知ってほしいのです。

ではどうすればいいのか？

すべてをほとけさまにおまかせすればいいのです。

現代の日本人は、病気を治してくれるのはお医者さんだと思っています。

違います。病気を治すのは、自分のからだが持っている自然治癒力なのです。医学は本来その自然治癒力を高める手伝いをするだけです。

しかし、現代の医学は原因療法という一歩踏み込んだ治療をしています。体内に入った細菌を殺し、悪くなった人間の細胞を切除したり放射線で破壊することで、病気の原因を取り除いています。

医学によって日本人の平均寿命が急激に延びたことはたしかです。

では、それで幸せになったのですか？

もちろん、長生きができてよかった、と思う人もたくさんいらっしゃるでしょう。生き延びたことで、やり残した仕事ができたという方もいらっしゃるでしょう。その人はそれでいいと思います。しかし、その治療で、必ず治るとは限らないのです。

ある種の癌の手術などでは、二割の人が手術の失敗で死亡するともいわれています。また、治療が原因で後遺症が残り、そのあとずっと苦しむ人もたくさんおられます。

また、治療後もいっこうによくならず、後悔の日々を送る人も多いのです。

人生に「もし」ということはありませんが、「もしその手術を受けなければ、もっと安楽に死ねたのに」という悔やみも生まれてきます。

現代の医学は、そうした治療による術後のこころのメンテナンスをまったく考えていません。なぜなら、医学は人を「長く生き続けさせる」ことが目的だからです。その後のことなど、医学の知ったことではないのです。

だから、あまり医者を過信しないほうがいい。

あなた自身のことはあなたが決めればいいのです。自分で決められなくて迷うのであれば、さいころでも振って、ほとけさまにゆだねればいいのです。

それがほとけの智慧《ちえ》なのです。

Q　内気な子どもが「人に好かれる子どもになりなさい」と
　学校で言われてきて、べそをかいているのですが？

人間みんな孤独です　人に好かれようと思うなかれ

わたしの家の近所で、幼稚園の子どもの母親が同じ幼稚園の子どもを殺すという事件がありました。

あの人は、わが子がいじめられてかわいそうだと思い、いじめた子どもの母親に接近して仲良くしようとした。ところがその母親が冷たかった。それで、その母親に憎しみを感じカッとなってやった、というようなことを言っています。

わたしは、彼女がそこまで自分を追いつめるまえに、まわりの仏教者がこう教えてあげてほしかったと思うのです。

「人間と人間がそんなにうまくべったりくっつけるわけがないんだよ」と。

「人間てみんな醜く汚いもんなんだ」と。

人から嫌われていることを悩む人には、

「それ、まともじゃないか。だれもが人から嫌われてるんだぞ」と。

人間のそういう醜さを教えてほしかった。

『無《む》量《りょう》寿《じゅ》経《きょう》』という経典の中に「独生独死」という言葉があります。

「人は世間愛欲の中に在って、独り生じ独り死し、独り去り独り来る」

――人間は、世間の愛と欲望の中で、一人で生まれ、一人で死ぬ。人間てみんな孤独なんだ、孤独なのが人間なんだ――

そう言っているのです。わたしは仏教者にこそ「人間はみんな孤独なんだよ」ということを教えてほしいのです。それが仏教者の仕事だと思うのです。

いまの社会では、「みんなに好かれるようになりなさい」とか、「みんなの役に立つ人間になりなさい」と教わり続けて、努力すればそうなれると励まされています。でも、それは嘘っぱちです。きれいごとです。そんな残酷なことを「道徳」だといって世間は教えているのです。「人に嫌われたり、つまはじきにされたりするのはあたりまえなんだよ」ということをだれも教えないのです。

そう教えているから、いまの子どもたちは「人に好かれなければいけない」という意識が、強迫観念になっています。おべっかを使い、わざと道化者になってクラスのみんなを笑わせてみたり、自分をピエロのようにして、なんとかみんなとの調和を保とうとしているのです。涙ぐましい努力をしているのです。クラスの中でいじめられるのを避けようとして、卑屈になっています。ちょっとでものけ者にされると「いじめられた」ということになります。

この強迫観念は学校だけではなく、世の中全体にまんえんしています。

サラリーマンも同じです。仲間に好かれようとして卑屈になる。あるいは経営者や上司に気に入られようとしてゴマをする。もちろんなかにはひねくれ者もいます。そのひねくれ者が、傍若無人で堂々と胸をはっていて、他人の噂もぜんぜん気にしないで主体性を持って生きている人であればすばらしいのですが、「どうせおれなんか好かれっこないんだ」とひねくれているのです。

それは年寄り連中も同じなのです。

人は歳をとったらだんだん世の中の役に立たなくなりますね。ところが、世間の物差でものごとを測るお年寄りは、「まだ俺は役に立っているんだぞ」とがんばるのです。ひどい人は「生涯現役」なんて言って老害を振りまいて、老いようとしません。

これもみんな、「役に立たなければならない」という世間の物差が強迫観念になっているからです。それがますます問題をこじらせているということにだれも気がついていないのです。

だから「なにか生きがいを持とう」「なにかで役に立つ身になろう」なんて言うのです。老いそのものを楽しもうとしない。老いに開き直れないんですね。

『法句経《ほっくきょう》』という経典の中で、お釈迦さまはこう言っています。

「これまでほめられっぱなしの人はいない、それは過去にも、現在にも、そして未来にもいない」

——だれからも好かれる人なんていないのだし、まただれからも嫌われる人もいないのだよ。人の評判ばかり気にして、自分の主体性を失うことがもっといけないことなんだよ——

お釈迦さまはそういっているのです。

現代の教育は、世間の物差を振りまわして子どもたちを混乱させているだけです。しかもこじらせているということに、教育者も親もまったく気がついていないことが問題です。

そして教育というものが本来刑罰である、ということをだれもが忘れているのです。刑のなかには、懲罰刑に対して教育刑というのがあります。学校はこの教育刑を受けさせるための刑務所なんですよ。その本質をわたしたちは見抜いていないのです。どういう教育刑かというと、子どもたちを「世の中の役に立つ」人間に洗脳する刑です。

「世の中の役に立つ人間になりなさい」「自分を高く売り込める人間になりなさい」

「高く売り込むためにいい大学を出なさい」

この教育は人間を商品として高く売り込めるよう付加価値をつけるための洗脳教育なのです。だから教育のことを、人材教育というのです。人間は、材料ですか？

学校というのは「奴隷」製造工場なのですよ。

そういう教育を受けている子どもたちがいじらしい。たいへんなプレッシャーを受けているのです。親がそんな子どもたちの姿を見て、なにも感じないはずはないのです。「かわいそうに」と思ってあげてほしいのです。そしてこう言ってあげてほしいのです。

「おまえが人に好かれようとして、みんなに取り入ったり、人気取りをやったり、自分を道化にすることでみんなとうまくやっていけるのなら、そういう方法で解決していいよ。でもね、その努力が辛くなったときは、なにも解決しなくていいんだよ。人に好かれなくたっていいじゃないか。お父さんはおまえの味方なんだ。おまえがどんな目にあっても、たとえみんなから嫌われ者になっても、お父さんはおまえの味方だということを忘れるな」

「お母さんもおまえが大好きだよ。他人からどう思われようとおまえが大好きなんだ」

子どもにはなによりもその言葉が支えになるのです。

「がんばりなさい、もっとやればうまくいくからね」

それは嘘です。そんなことやっていたら、子どもはこころの支えをなくして自殺しますよ。

もちろん、いまの社会の中では世間の物差でやらざるをえないこともたくさんあります。でも、それを子どもに押しつけてばかりいれば、子どもはいつかキレるときがあるんだ、ということは知っておいてほしいのです。

Q　世間の尺度を捨てよといわれますが、ではどんな尺度で測ればいいのですか？

もう一本の物差を持とう

江戸時代に鉄眼《てつげん》という黄檗《おうばく》宗のお坊さんがいました。すべての経典を集大成した『一切経《いっさいきょう》』を作った人ですが、その鉄眼和尚が『仮字法語《かなほうご》』という『般若心経』の解説書を書いています。

『仮字法語』の中にこんな話が出てきます。

「金《こがね》のかたよりこれを見れば、鬼もこがね、仏もこがね、男女の差別もなく、君臣の高下もなく、鶴のながきも金なれば、鴨《かも》のみじかきも金なり。花も柳も松もおどろも、ただ一体の金にして、露ばかりも差別《しゃべつ》はたてがたし」

——金という観点からこれ（さまざまな形があるもの）を見ると、鬼も金、仏も金、男女の差別もなく、君臣の高低もなく、鶴のはぎの長いのも金であれば、鴨のあしが短いのも金である。花も柳も松もおどろ（いばら）も、ただ一体の金であって、その間に少しも区別をたてることができない——

鶴の像、年寄りの像、鬼の像、ほとけの像といろんな像があります。それはみんな純金でできています。それはたぶん色が塗られているのでしょう。世間の人は亀の像より鶴の像がいい、鬼の像よりほとけの像がいい、とみんな形で迷っています。けれども、「これはみんな純金でできているんだから同じ価値を持っている」というところに目をつけるのがほとけの智慧だというわけです。

あの人は金持ちだ、あの女性は美人だ、あいつは役に立つが、こいつは役に立たない。わたしたちは、つねに区別や差別をしながら人を見ています。しかし、それは世間の物差で測るからそう見えるだけで、ほとけの世界から見るとそれはみんな同じ価値の純金なんだよ、ということです。鉄眼和尚はそういううまい喩え話をしているのです。

『阿弥陀経』四十八願の第四段に、醜い、美しいというものがない世界を建立したいという阿弥陀仏の誓願があります。そういう差別のない世界が、極楽浄土です。柳《やなぎ》宗悦《むねよし》などがその思想に基づいて民芸運動を展開するのですが、わたしは最初それを読んだとき、あらゆる差別がない世界というのは、全部同じ形のステレオタイプになってしまうんじゃないかな、と思いました。でもそれなら個性のないコピー人間が集まったようなもので、それでは世間の尺度と同じです。いまの学校教育などはまさにそんなステレオタイプの人間を作ろうとしているのですから……。

そうではないのです。たとえば、城の石垣を考えてみてください。

大きな石があり、小さな石があり、白っぽい石があったり、黒っぽい石があったり、さまざまな大きさや形や色の石が組み合わさっています。じつに変化に富んでいます。じゃあ、全体がバラバラかというと、そんなことはありませんね。

美しいものと、醜いもののない浄土の世界というのは、このように石にはひとつひとつの個性がありながらその形に捉われず、石垣全体を見ることができる世界だろうと思うのです。

これがほとけの世界であり、またほとけの物差なのだと思います。そしてわたしたちは、このほとけの物差を持つことによって、人間の持つほんとうの価値を知ることができるのです。

もちろん、わたしたちは、この世で生きている限り、ものの形をまったく無視することはできません。石工《いしく》たちが、ひとつとして同じ形がない石を組み合わせて石垣を作っていくように、世間の物差で解決できるものは解決していけばいいのです。同じ純金でも、どの形がいいか、どの形が必要かというのは、世間の物差で判断できることですから、判断すればいいと思います。

そして、世間の物差で解決できないことは、ほとけの物差におまかせすればいいのです。

わたし個人の話で恐縮ですが、最近、癌の疑いがあるというので検診を受けました。結局は癌ではなく、なにやら肩すかしを食ったようで、ちょっとがっかりしたのですが、検診を受けるまえに一応の覚悟はつけたのです。

そのときわたしが覚悟したのは、癌を宣告されても、だからといって特別なことはすまい、ということでした。いままでどおりに生きていこうと考えたのです。

あと半年だと言われたとしたら、「半年の間に重要な仕事をやって死にたい」とか、「これはどうでもいい仕事だからやらない」とか、そんなふうに身辺を整理することはしないでおこうと考えたのです。

わたしは普段からしょっちゅう探し物ばかりしていて、机の上の本を探すのに、一日中あちこちほっつきまわっているのですが、癌になっても同じように無駄な時間を費やしたり、原稿書いたり、書いてるかと思えばズルやったり、遊んだり、と普段とおなじように無駄なことやっていきたいなあと、そういう覚悟をつけたのです。

それともう一つ覚悟をつけたことがあります。それは癌と診断されたら、「ほとけさまありがとう」と言おうと考えたことです。

癌になるということは嬉しいことではありません。嫌なことかもしれません。

でも「ありがたい」と思うことはできます。

「ほとけさまがわざわざわたしを癌にしてくださったんだ、ありがたいことだ」

そういうふうに思いたい、と覚悟をつけたのです。

癌に冒された人間というのは癌によって死ぬわけではありません。

交通事故死というのも、交通事故で死んだわけではありません。だれもが交通事故が原因で死んだと思いますが、じつは癌や交通事故というのは、原因ではなく「縁」なのです。

では原因はなにかというと、それは生まれたことです。人は生まれたからこそ死ぬのです。

いまは癌になっていないけれども、それは今回は見つからなかったというだけで、あすなるかもしれないし、一年後に冒されるかもしれないことです。それはわたしの与り知らない「縁」によってそうなるのですから、そのことを一喜一憂してもしかたがありません。

それはほとけさまにおまかせするべきことだ。わたしはそう思うのです。

第3章　すべてのことにこだわらない

Q　宗教と道徳はどこが違うのですか？

こだわりがものごとの本質を見えなくする

インドのカルカッタのそばを流れているフーグリ川に行ったときのことです。みんなで川岸を見ていました。

一人の老人が「いやー、じつにいい景色だ」と感激しておられました。

わたしは、そのとき川岸の脇に投げ捨てられたゴミを見て汚い川だなあ、と考えていたので、「この老人は皮肉を言っているのかな」と思ったのです。

ところがあとでそのときの写真を見せてもらうと、じつにいい景色なのです。わたしはゴミに気を取られていたので、その景色を堪能できなかった。こだわることによって美しいものが見えなくなっていたのです。

『般若心経』は、

――不垢不浄《ふくふじょう》（きれいも汚いもない）――

といっています。

「もともときれいなもの、というものもないし、もともと汚い、というものもない。それは人のこころが勝手に作り上げたものである」という意味です。

ある社長秘書からこんな質問がきました。

「社長室で使っていた高級なお茶をお客さんに出したあと、流しにそのお茶がらを捨てるのですが、急須の中に入っているときは食べてもいいと思うくらいに感じていたお茶の葉が、流しに捨てたとたんに突然ゴミのように思えて汚く感じるのです。それはなぜなんですか、なぜ汚く感じるんですか」

わたしは、それが「空《くう》」の意味ですよ、と答えたのです。

まったく同じお茶の葉が、急須の中に入っているときと、流しの三角コーナーに入っているときでは人間の受けとめ方はまったく違ってきます。それはお茶の葉が変わったわけではなく、人間の受けとめ方が変わっただけですね。

人間は、ものごとにそのときそのときでいろいろな「レッテル」を貼ります。これは来客用の湯呑み、これは普段使う湯呑み、これは抹茶茶碗、これは高級なお茶っ葉、これはゴミ……。

じっさいに日常生活ではものごとをそういうふうに分別して「レッテル」を貼っていかないと収拾がつきませんね。しかし、その「レッテル」は人が勝手に決めた「レッテル」であって、そのものの実体を示しているわけではありません。

ところが、いったん「レッテル」を貼ると、それが実体であるかのような錯覚を持ってしまいます。流しに捨てたお茶っ葉は汚いゴミになってしまいます。「レッテル」にこだわっているとものごとの本質が見えなくなるのです。

そこで仏教は、「レッテル」にこだわるな、と教えているのです。これが「空」の思想です。

ですから、仏教は「ゴミを気にするな、こだわるな」と教えます。

ところが、道徳は「ゴミを街に捨てるな」といいます。

少し難しいのですが、道徳が「ゴミを捨てるな」というとき、そこには善悪や正邪についての前提があります。「町は清潔でなければならない」「ゴミは汚いものである」「ゴミを捨てるのは悪である」等々。これはひとつの価値観です。

ところが、道徳はその価値観に基づいた規範を法律などの外的強制力ではなく、各個人の内面に働かせることによって成し遂げようとします。あくまで各個人の自主性に任せようとしています。「みんながゴミを捨てないというこころを持てば街はもっときれいになる」というわけです。

人間の価値観はもともと「空」ですから、さまざまな価値観があります。ところが道徳はひとつの価値観を押しつけておきながら、それを実行するのは個人個人の主体性だといっていることになります。人間は自由な存在であるといいながら、ひとつの価値観を規範とするのは人間の主体性である、というのは矛盾しています。

「人に好かれる子どもになりなさい」というのも、「人に好かれる子がいい子だ」というひとつの価値観を押しつけながら、それを子どもの主体性が作っていくべきだ、と考えるところに大きな間違いがあるのです。

ですから、道徳が、自由な人間の善意によって実行できると考えているのは錯覚です。

もし街をきれいにしたいのであれば、ペナルティを科せばその目的は達成できます。シンガポールの街にはほとんどゴミが落ちていませんが、それはゴミを捨てると日本円で六万円ぐらいの罰金を取られるからです。日本でもシルバーシートに座っている六十五歳以下の人から罰金を取ればいいのです。三万円ぐらいの罰金を取ればだれも座らなくなります。

道徳と宗教をこんがらがらせてもらっては困るのです。

ほんとうに街をきれいにするためにゴミを落とすなというのであればペナルティを設ければいいし、宗教心からであれば、そんなものは気にするな、ということになります。

もうひとつ宗教と道徳が違うところがあります。

それは道徳というのが、結果第一主義であるということです。

子どもがおばあさんに席を譲る、という場合、こころの中でどんなことを思っていようと、席を譲った子はいい子、席を譲らなかった子は悪い子、と判定するのが道徳です。席を譲ったか譲らなかったか、というかたちにこだわっているのです。

でも仏教は道徳ではありませんから、おばあちゃんに席を譲らなかったことをこころの中でおわびしながら座っているのも「布施」として認めます。ところが道徳から見ると、それは席を譲らない悪い子だということになるのです。

わたしは学校でこんなに矛盾に満ちた道徳授業なんかやってほしくないのです。道徳教育は人間の主体性や自由を社会的な規範でゆがめてしまう役割しか持たないのです。

Q　ものごとには必ず原因と結果があると思うのですが？

大切なのは「因」ではなく「縁」である

よく「仏教は因果論を説いている」といわれます。でも、因果論は仏教の教えというわけではありませんし、仏教の特色でもありません。

因果論というのは、原因があってその結果がある、ということですが、これは仏教だけでなく西洋哲学だって科学だって同じです。

では仏教の特色はなにかといえば、「縁」を重んじるということです。

仏教には「因縁」という言葉があります。「因」と「縁」です。わたしはわかりやすくするために、「因」を「直接原因」、「縁」を「間接条件」と訳しています。

「早く芽を出せ、柿の種」。そういう言葉がありますね。

この柿の種が芽を出す「因」はなにかというと、種があることです。種が「因」になります。しかし「因」があれば「果」が生じるかといえば、そんなことはありません。種があるだけでは発芽しませんね。種を机の上に置いていても発芽しません。土に蒔《ま》く必要がありますね。しかし土に蒔いても、カラカラの乾燥した土では発芽しませんから、適当な水分が必要です。また寒い冬では、水分があっても発芽しませんから、適当な温度が必要です。

このさまざまな条件が「縁」です。つまり「縁」がないと「因」は「果」を結ばないのです。ものごとは、「因」と「縁」が整ったときはじめて生起するのです。このことを仏教は「因縁生起」と呼んでいるわけですね。その「因縁生起」を「縁起」と略しています。

この「縁起」が仏教独特の考え方であり、また仏教の根本思想といってもいいと思います。だから仏教が説いているのは「因果論」ではなく「縁起」論なのです。

しかもこの「縁」というものを仏教者は広く広く解釈します。

これを「権兵衛が種蒔きゃ、烏《からす》がほじくる」ということで説明してみましょう。話をわかりやすくするため「縁」を二つに分けて「プラスの縁」と「マイナスの縁」と仮に名づけておきます。

「プラスの縁」というのは、まず種を蒔いてくれる人がいる、あるいは土がある、水分がある、適当な温度があるという「縁」です。こういう積極的な「縁」がなければ発芽しません。

逆に「マイナスの縁」というのは、そういう積極的な「縁」があっても発芽しない場合を考えていただくとわかりやすいでしょう。種を蒔いても鳥がほじくってしまうと発芽しませんね。逆にいうと、発芽するという理由には、「鳥がほじくらなかった」ということも入るのです。これが「マイナスの縁」です。仏教ではこれも「縁」として認めています。

そう考えると、ひとつのものごとに対して、「プラスの縁」だけではなくて、じつにさまざまな「マイナスの縁」というのが働いていることがわかります。これらの「縁」はわたしたちの目には見えないものですが、大きな宇宙全体の「縁」が網の目のようにからみあっている、そう断言してもいいぐらいあらゆるものが「縁」になっているのです。

結婚式に行くと、「皆さまのご縁によってこのたびめでたく結婚できました」という挨拶がありますが、そのとおりです。「おれにはなんの縁もないよ」という人がおられるかもしれませんが、少なくとも邪魔をしなかったという「縁」があるのです。

大学に合格したとしましょう。その「因」は本人に能力があった、勉強した、ということです。そして「縁」はなにかといえば、試験に間に合った、あるいはたまたま知っていた問題が出た、などというのがそうです。しかし同時に、より優秀な受験生が受けなかった、という「縁」もあるわけですし、その「縁」の中にはより優秀な受験生が風邪をひいて休んだという「縁」もあります。また電車が時間どおりに着いてくれたという「縁」もありますし、電車が時間どおりに着いたという「縁」のなかには、運転手さんが突然発作をおこさなかったという「縁」もあります。

わたしたちはそういうさまざまな「縁」によって生かされている。それが仏教の認識です。

しかし現代人は、科学教育の影響だと思いますが、原因が結果をもたらす、という因果関係にこだわり過ぎるのです。

日本の農業は、稲の生育をさまたげる病害虫を殺すために、ある時期大量に農薬を使いました。原因をなくせば結果もなくなりますから、たしかにその効果があがり、稲の収穫量は飛躍的に伸びました。ところが、田んぼにいた昆虫や魚も殺す結果になり、日本の水系の生物環境を一変させてしまいました。そして人間の体内への残留農薬までが問題になったのです。

これも「因」をなくせば「果」もなくなる、ということにこだわり、農薬がさまざまな「縁」を結ぶということを無視したからです。

部下がなにかものごとを失敗すると、上司は「このバカ」と言って怒ります。しかしそれは自分の「縁」というものを忘れているのです。なるほど部下が失敗した「因」は部下の無能力にあります。しかしもっといい上司がついている「縁」があればかれは失敗しないですんだかもしれない。自分がかれの上司になったという「縁」でそういう結果になったかもしれないのです。

よく「因果を知れ」とか「親の因果を知りなさい」なんていいますが、それは仏教の思想ではありません。「因果応報」を否定はしませんが、でも「縁」がもっと大事なんだということを認識してほしいのです。

ある社会学者が、駅のベンチで、始発から終電までじっと座り込んでいるという実験をしたことがあります。するとだれも声かけてくれない。ようやく声かけてくれたのは、終電で降りてきた酔っ払いでした。「おい、おまえどうしたんだ」といってくれたときは、そりゃあもう嬉しかった、とその社会学者が言っていました。

もし、駅のベンチで座り込んでいた人が、そののちに殺人鬼になったとしましょう。その人が、一人苦しんで駅のベンチで呆然と座っているときに、だれか通りすがりの人が一人でも優しい言葉をかけてあげれば、その人はそれを「縁」にして殺人犯にならないですんだかもしれない。でも、そんな人がだれ一人として現れなかったために、つい堪《たま》りかねて殺人鬼になったかもしれないですね。その人が殺人鬼となった「因」

はその人の中にあったかもしれませんが、わたしたちはみんな、その人に声をかけなかったという「マイナスの縁」を結んでいるわけです。

そのとき、わたしたちみんなが「プラスの縁」になってあげられなかったという意味での後ろめたさを自覚するべきだと思うのです。いい「縁」になってあげることができなかったというその後悔の気持ちを感じながら生きる、それがほとけさまの物差なのです。

Q　縁にも良縁と悪縁があるのではないでしょうか？

善し悪しは人間が作ったレッテルにすぎない

ものごとはみんな「縁」によって結ばれています。「縁」には、「良縁」もあれば「悪縁」もある、「腐れ縁」もありますね。

あるお婆さんが嫁との「縁」が悪くて、「あの嫁は大嫌いだ、あんな嫁と一緒に住むぐらいならわたしはもう老人ホームに入ったほうがいい」と、財産をまとめて老人ホームに入ることにしました。そして老人ホームの仲間たちに一生あの嫁の悪口を言い続けようと、もう十分に種を仕込んだつもりで老人ホームに入ったのです。最初はみんなその悪口をよく聞いてくれました。「そうねー、そうねー」「悪い嫁だ」と言って聞いてくれました。ところが一カ月もすると「その話はもう三度目だよ」と言われるようになってきました。一生分仕入れたつもりなのに、ついに話すこともなくなって、嫁に対する怒りもそんなに湧いてこなくなったのです。そしていまでは、もう一度あの嫁と一緒に住みたい、と思うようになったけれども、もう手遅れだ、と言って嘆いているというのです。

そんな話を聞いたことがありますが、これを、わたしたちは「腐れ縁」と呼んでいますね。

わたしたちは、そんな「腐れ縁」や「悪縁」はないほうがいいと思っています。「良縁」だけを得たいと思っています。でも「腐れ縁」や「悪縁」を全部整理してごらんなさい、そうしたらどれだけ淋《さび》しくなるか……。

もともと「縁」というものに「良縁」とか「悪縁」とか「腐れ縁」というのがあるわけではありません。いいとか悪いとかいうのは、それぞれが相対的な関係で、「良縁」がなければ「悪縁」もないし、「悪縁」があるからはじめて「良縁」というのがあるのです。つまりその「縁」がいい「縁」なのか悪い「縁」なのか、それは人間のこだわりなのです。

植木鉢にアサガオの種を蒔いたとしましょう。アサガオが芽を出すには養分を含んだ土を入れてあげなければならないし、水をかけてやらなくてはなりません。日光にも当てて適当な温度になることも必要です。

これ、すべてアサガオが芽を出すための「縁」ですね。そしてこれらの「縁」は、すべてがアサガオが芽を出すための「良縁」だと思うかもしれませんが、いちがいにそうはいえないのです。水もやり過ぎれば、種が腐ってしまいます。土もあまりたくさんかぶせると、芽が伸びられなくなります。そうなればこれは「悪縁」になってしまいます。つまり「良縁」になるには、それぞれの「いい加減」というのがあるのです。

ある人が、政治家にリベートを渡して、うまく商売して会社に貢献していた。たまたま相手の政治家が汚職で捕まり、連座して逮捕され、会社に泥をぬったということで懲戒免職になり、悪いやつという烙印《らくいん》を押されてしまった。

政治家にリベートを渡していた社員は、その人自身はなにも変わっていないのに、まわりの状況が変わっただけで「レッテル」が貼り変えられてしまった。「良縁」が「悪縁」になってしまったのです。

わたしたちは、その場その場のつごうに合わせていろいろ「レッテル」を貼り変えていますね。でも、そんなに簡単に貼り変えるのなら「レッテル」の意味がありません。

逆に「レッテル」を貼るのであれば絶対変えるべきではありません。たとえば小学校の成績で、「大学まで行かせて官僚にする」という「レッテル」を貼り、その「レッテル」ですべてを決めればいいのです。「レッテル」にこだわるのならそうすべきです。

「人間は変わるんだから、そんなバカなことはできませんよ」

それはそうですね。だったら最初から「レッテル」にこだわらないであるがままのその子を見ていてあげれば、もっとあたたかい「縁」を結ぶことができると思うのです。

Q　競争が人を磨く面もあると思うのですが……？

よどみのなかでのんびり生きる

ニジマスという魚は、生きた餌を食べます。水生昆虫だとか水面に落ちた幼虫などを食べて大きくなります。そういう餌はたいてい上流から流れてきます。すると、川の流れの激しい中央部が一番餌の多い場所ということになります。川のまん中にナワバリを持っているニジマスが餌をいっぱい食べることができるわけですね。流れの緩やかなところにナワバリを持つニジマスにはあまり流れてきません。ましてよどみにいるニジマスはたまにしか食べることができません。

では、川の中央部にいるニジマスが一番大きくなるのかというと、案外違うのです。あまり相関関係はないのですが、川の中央部にいるニジマスはあまり大きくなくて、よどみにいるやつがバカでかくなることがあるのです。

なぜかというのは、考えてみればすぐわかることです。川の中央部は流れが激しくて、そこでナワバリの中に留まっているためにはものすごく運動量が必要になります。

エネルギーロスが大きい。それに対してよどみにいるニジマスはのんびりしていて、たまに流れてくるのをパクッと食べてればいい。そのほうがかえって大きくなることもあるというわけです。

いまの日本の競争社会では、みんながまん中に行って人より多く食べようとしています。

ナワバリ競争にうち勝って、川の中央部に進出し、粉骨砕身努力する。たしかに収入は多くなるかもしれません。でもそれに費やすエネルギーは増えるし、人に頭をぺこぺこ下げて、ストレスも増える。会社人間になって、子どもの面倒は見ず、家は放り出したまま。

それでも餌をたくさん食べることが幸せか、ということです。そのプラスマイナスを差し引き計算して、いったいどう生きるのが楽なのか、もう一度考えてみたほうがいいのではないでしょうか。よどみに生きるほうが楽だなあと、そういうふうにも思えます。

いまの中国は違うのですが、むかしの中国をはじめとしてタイ、ミャンマー、フィリピンなどの東南アジア、インド、パキスタン、アフガニスタンといった南アジアの国々では、家族というのは多いところでは四代五代ぐらいまでさかのぼった祖先の兄弟の子どもが一緒に家族意識をもって育っていくのです。

　パキスタンの友人に「家族何人いるんだ」と聞くと「よく知らない」と言うのです。「よく知らないって、だいたいどれぐらいなんだ？」と聞くと、「二百人かな、二百五十人ぐらいかな」と言うのです。

　そういう大家族では、そのうちのだれかが失業しても平気なんですね。故郷に帰って家でゴロゴロしていればなんとかなるのです。そんなにアクセクすることはないのです。生命保険に入ってないし、貯金もする必要がない。ですから収入はみんな飲み食いに使うだけで、愉快にのんびり暮らすのが、かれらの生き方なのです。

　そして家族や親族のうちに一人優秀な人間がいると、みんなで徹底して援助します。その人間を育ててあげるのです。絶対に足を引っ張るようなことはしません。やがてその人間が陸軍大佐にでもなれば、一族郎党全部の就職の世話までするわけですね。そういう助け合いの社会なのです。

　これは競争社会ではありませんね。日本の競争社会と、そういう同族社会と、どっちが楽なんでしょうか。どっちが生きていくのに幸せなのか。よく考えていただきたいのです。

　もちろんそういう社会でも競争はあります。それはごく少数のエリートの社会です。

そしてそういうエリートの世界に入っていく優秀な人間はほんとうにたいへんなのです。アメリカやイギリスもそうですし、インドでもそうです。睡眠時間が四、五時間というのはあたりまえ。みんな猛烈に勉強するのです。

日本でもほんとうのエリートは同じです。財務省の官僚が、防衛省に出向するとします。すると最初の六カ月のあいだは、財務省から来たばかりだからということで、素人扱いしてくれます。ところが六カ月たっても素人扱いされているようであればもう防衛省にはいられません。ですからそのエリート官僚は六カ月のあいだに猛烈に勉強するのです。十年、二十年やってきた防衛庁生え抜きの連中と同じだけの情報量を持っていないと的確な判断が下せない。防衛兵器なら兵器の仕様書まで専門家以上に勉強するのです。エリートというのはそれだけしんどいのです。

競争に勝って出世したい、と考える人は多いですね。また競争が人を磨く、と考える人もいらっしゃるでしょう。たしかに競争が「縁」になって「果」を結ぶ、競争が人を磨く面もあることはたしかです。ですから競争がすべて悪いとはいいません。

ところが、そういう人は案外、試験に合格さえすればなんとかなる、その努力さえすればあとはうまくやっていけると考えているようです。しかし、ほんとうのエリート社会というのはちょっとやそっとの努力やがんばりではやっていけない世界です。

一生がんばり続けなければ、たちまち脱落してしまう世界ですよ。その覚悟があるのなら、大いに競争して、一生のたうちまわってくださっていいのです。

でもね、人生なんのために生きてるのかといったら、楽しく生きることですよね。競争するために生きているわけではないのです。競争することで磨かれる面はたしかにあるけれども、「縁」というものを大事にしながら楽しく生きていくことで、もっと磨かれていくということだってあるのです。

川のまん中めざしてナワバリ争いをするのか、それともよどみでのんびりと暮らすのか、どちらの人生を選ぶのかはあなた自身が決めてください。

Q　科学技術が人類を発展させてきたと思うのですが？

科学が人間のこころを破壊している

いま、科学というものと技術というものが、科学技術とワンセットにされて論じられることが多くなったように思います。その点が問題を非常にこんがらがらせて、わたしたちに判断を誤らせる根拠になっていると思うのです。

まず、科学と技術はまったく別のものだと考えてください。科学というのは学問であり、技術はテクニックなのです。そしているものは技術であって、科学ではありません。技術が非常に進歩、発展してきたわけですね。

たとえば、人間が長生きできるようになったというのは技術によるものです。通信手段にしてもすべて技術の問題ですね。別に科学者がいなくても技術者だけで現代の水準に近い技術が生まれたかもしれないのです。

科学の特色は二つあります。一つは、ものごとをばらばらにして考え、全体を扱わないということです。科という言葉には分けるという意味がありますが、わたしは科学を全体学に対して分科学と命名しています。パートごとに研究しようというのが分科学の特色です。

ヘロドトス（前四九〇頃—四二〇頃）という古代ギリシャの哲学者が書いた『歴史』という本の中に出てくるのですが、古代バビロニアには医者がいなかったというのです。これがほんとうかどうかはちょっと疑問があって、歴史家が別の角度から調べて、やっぱり医者はいたという説のほうが強いのですが、ともかくヘロドトスは「古代バビロニアには医者がいなかった」と書いています。

では、病気になったらどうするかというと、病人を広場に連れて行くのです。

すると、通りがかりの人が声をかける。

「あっ、この症状はうちのおばあちゃんがかかった病気と同じだ」

「あと三日ぐらいしたら発疹が出てくるよ。熱が出て、そして治るよ」

「これは駄目だね」

などと言いあって、みんなが自分の経験に照らして教えてくれる。

それがバビロニアのやり方だったというのです。

それに対して古代エジプトには医者がいた、と書いてあります。ところが眼の医者、頭の医者、歯の医者、腹部の医者、患部不明の病気を見る医者などとさまざまな専門に分かれていて、それぞれが一種類の病気しか扱わないので、街中に医者があふれていた、というのです。全体を診る医者はいなかったわけですね。

この古代エジプトのやり方がまさに現代科学が採用している方法です。眼は眼として扱う、鼻は鼻として扱う、精神は精神として扱う。ただし全体はわからない。

このように、扱う問題をある範囲内で限る、というのが科学のやり方です。そういうやり方が発達したのです。

そして科学のもう一つの特色は、まず最初に物差を置いて研究をするということです。

医学は、一分でも一秒でも「長生きできることがいいことだ」という物差を置いて、その「いいこと」を成就するために研究するのです。科学はそういう物差を前提にしています。

建築学であれば、「壊れない建物が最善である」という前提をまず置いて研究します。ですから耐震構造の研究も、できるだけ「壊れないように」という前提で理論を組み立てていくのです。

そういう分科学の集合体である科学に対して、全体学というのがあります。哲学や数学ですね。

哲学は無前提の学です。前提を置かずに、「なにがいいことか」ということを研究する学問です。ですから、たとえば「壊れることがいいことだ」という結論が出てくるかもしれないのです。もちろん実際問題としては、大きな地震がきたときに全部壊れてくれることが「なんのためにいい」かはわかりません。まあ、あと片づけが便利かもしれませんが……。

とにかく哲学というのは、科学と違って「壊れない建物が最善である」というような前提を置かない学問なのです。

一方、技術というのは、人間の知恵に基づいて現実の世界に対して働きかける手段のことですから、なにも科学がなければ成り立たないというものではありません。科学が生まれるはるか以前から長い時間をかけて技術は発達してきたわけです。日本では、五重塔などの木造建造物を作る技術が発達してきたのです。

橋について、日本の古い文献を読んでいたら、「十月架橋三月撤去」と書いてある。三月に橋を撤去し、十月になってまた架けるということです。「これは、いったいどういうことだろう」と不思議だったのですが、これがじつに合理的なシステムなのです。

日本は夏のあいだ台風が多い。台風がきたときに橋があると、上流から流れてきた倒木などが橋桁《はしげた》に引っ掛かり、それが水の流れをせきとめて川を氾濫《はんらん》させてしまいます。だから夏のあいだは橋を撤去してしまうのです。

むかしの人はそのような生活の知恵を糧《かて》として、そしてその知恵に基づいた技術を開発していたわけですね。

ところが、科学時代になると、そういう人間らしい知恵に基づいた技術がどんどん廃《すた》れてきます。そして「壊れないものが最善である」ということを前提にした技術が開発されるようになります。非人間的な技術がどんどん芽生え、発展してくるのです。

医学は「人をいかに長生きさせるか」という視点で研究します。長生きになったらどういう問題が起こるのか、そんなことは医学は考えません。

建築土木では、絶対「壊れない」という道路や橋を作るようになります。しかし、そのためにかえって被害が大きくなることもあります。そういう面がでてくるのです。阪神・淡路大震災のときの神戸市の被害がいい例ですね。

自動車のフロントガラスというのを考えてみましょう。

科学は「割れないガラスが最善である」と考えますから、強いガラスというのを一生懸命研究します。そしてだんだん強いガラスを作る技術が開発され、防弾ガラスのようなフロントガラスも開発されます。ところが、コストは高くなるし、いくら強くても結局は割れてしまいます。

そのときに一人の技術者が発想を変えて、「どうせ割れてしまうのなら、安全な割れ方をするガラスができないか」と考えた。そして、粉々に割れるガラスを開発したのです。

これは科学の発想ではありません。科学の発想が行き詰まったときに、科学の発想から抜け出すことによってこのようなすばらしい技術が生まれてくることがあるのです。このことは、技術というのが、その前提となる知の体系によって変わってくることを示しています。

わたしたちは、科学技術によってずいぶん進歩したと考えています。でも科学は、わたしたちを幸福にするような発想をしていないのです。わたしたちが科学の発想から離れて、人間らしい知恵の体系を回復すれば、技術は、もっとすばらしいものに生まれ変わるだろうと思うのです。

登校拒否の問題というのも、同じです。

教育学、教育心理学のような学問は、「学校に行くことがいいこと」だというのが前提になっています。ですから登校拒否を、どうすれば不登校児が学校に行くようになるか、という角度でしか研究しません。教育研究者や教育者が「学校に行かなくてもいいよ」と言えば、学校教育を基本にしている教育学そのものが成り立たなくなりますから、だれもそんなことは言いません。

その一方で、児童心理学者や精神病理学者のなかに、「無理に学校に行かせなくてもいいじゃないか」と主張する人がいます。児童心理学や精神病理学は、「自由に生きるのがいい」「精神的に健全であることがいい」というのが前提になっていますから、そう主張する研究者がいてもおかしくありません。でも、学校に行かなくなって卒業証書がもらえない、大学にも入れない、そのあげくにぐれて犯罪を犯してしまったとしても、「それは自分たちの専門外だから」「警察や家庭裁判所の仕事でしょ」ということになるのです。

しかし宗教者は、そんなことにはこだわらないで、学校なんか行くな、と答えます。宗教なら簡単に解決できる問題を、科学は解決できないのです。

いまの日本人はとても科学を信仰しています。科学技術の力を信じています。現代科学技術の力をもってすれば、どんなことでも可能になる、と考えています。たとえいま実現できないことがあるとしても、近い将来、科学はきっとそれを実現してくれるだろうと信じて疑いません。

たしかに科学技術はこれまで人間の望みを成就してきました。医学はいままで治せなかった不治の病をつぎつぎと治していき、日本人の寿命は二〇〇〇年には世界一になりました（二〇二一年現在は女性は世界一位、男性は世界二位）。通信輸送に対しても、生産に対しても、物質的生活に対しても、新しい技術がつぎつぎに開発され商品化されてきました。わたしたちの物質的欲望はたいていのものがかなえられるようになったのです。

しかし、最初に述べたように、それは技術の成果に拠るところが大きいのです。だれもがその技術の魅力にとらわれて、科学を過信しているのです。

科学がわたしたちにもたらした最大の罪悪は、人間をパーツや機能として捉える思考を植えつけたことです。職場では「労働」という機能だけの存在として捉えられ、家庭では親は子どもを「勉強する」機能として、また子どもは親を「飯を食わせてくれる」機能としてしか捉えていません。日本人は、自分を機能やパーツとして考えることにすっかりこころを奪われてしまっています。でも、だれが考えても、人間はまるごと人間です。

機能としての人間と、まるごとの人間。科学信仰のなかでおこるそのギャップが、さまざまな不幸をわたしたちにもたらしていることに早く気がついてほしいと思います。

Q　科学は人間に必要な考え方です。
　どんどん取り入れるべきだと思いますが？

必要だからといって、善ではない

科学は、いままでわたしたちが持っていた生活原理に立脚しないで、なにかひとつの仮説に基づいて、それを前提として新たな体系を作りました。また、全体をまるごと見ないでパートに分けてものごとを見る方法もあみ出し、それがひとつの方法論としての有効性をもたらしました。そして、そうした体系や方法論は、日本では絶対的な基準になっています。

ところがヨーロッパあたりの健全な庶民の感覚としては、科学は必要なものとして認めていますが、あくまで悪であるというのが平均的な考え方です。科学は悪魔の学問なのです。最近はだいぶ科学に毒されてきてはいますが、根底にはやはりそういう思想があります。必要だけれども、悪として認めているのです。ところが日本ではそれが善になっています。

それは日本に宗教がないからです。

同じようなことが競争ということにもいえます。

競争というのはヨーロッパでもやっているじゃないか、アメリカでもやっているじゃないか、といいますが、それはかれらにとっては必要悪なのです。やらざるをえない、でも悪なんだよ、ということなのです。だから競争原理というのを人間の生活全般に広げないようにする力が働いています。

ところが、日本では必要はすべて善になってしまいますから、生活のあらゆるところに競争原理を広げようとします。競争というのは、人間を鍛える「良い」ことになっているのです。

ヨーロッパなどでは必要、不必要の原理というのは、政治の原理です。そして善か悪かというのが宗教の原理です。しかし、宗教の原理がない日本では、必要ならば善であり、その対極として、悪はすべて不必要ということになるのです。日本人にとって、必要、不必要の原理と善悪の原理は一本のものになってしまっているのです。

たとえば、売春はどう考えても悪ですね。日本人は、悪はイコール不必要という発想になりますから、売春禁止法を作ります。ところが、台湾やタイなどの国々では必要上売春を認めています。それらの国では売春を認めているのは、善だからではないのです。ところが日本人はそこを錯覚して、認めているんだからいいものであるといって、ツアーを組んで旗を立てて行くのです。それでセックスアニマルといわれ、ひんしゅくを買うのです。

もっとこそこそと行くものですね。悪いこととしてるんだから。悪ではあるけれども必要上認めているものであるということ、日本人にはそこがわからないのです。

ある経営評論家と対談したとき、「競争は悪だ」と言ったことがあります。すると、「なにを言うか、競争がないと日本は潰れてしまうんだ」と言うのです。だから「なにも不必要とは言っていない。悪だと言っているんだ」と答えたんですが、わかってくれません。

また、暴力は悪に決まっています。ところが、ある教育者が「学校では体罰がなくては教育できない、必要です」と言うのです。わたしは教育に暴力が必要だとは思いませんが、「必要だとしても、それは悪ですよ」と言うと、「なにを言うのですか。必要なことはいいことに決まっているじゃないですか」と言い張るのです。善悪と必要不必要の違いがわからないのです。日本人はその違いに、早く気づかないと、ますます硬直化した考え方しかできなくなってしまいますよ。

もっと自由にものごとを考えましょうよ。それが『般若心経』のメッセージです。

Q　人間の歴史は人間の苦しみをなくす努力の集積ではないかと思うのですが？

人間の苦をなくす努力をしているのは宗教である

現代の資本主義社会というのは、いまの体制は絶対的にすばらしいものだ、いまの社会がベストだ、ということをわたしたちの意識のなかに埋め込むのがその特色なのかもしれません。

これまでの世界の歴史のなかで、「いまの社会がベストだ」というイデオロギーを持った社会はなかったような気がします。資本主義社会がはじめてそういうイデオロギーを持ちだしてきたように思うのです。

たとえば中国の社会では、易姓《えきせい》革命といって社会が悪くなれば必ずつぎに新しい天子が出てくるよ、という思想を持っています。ユダヤもそうで、王政を敷くというときに、王政はよくない、といった議論が出てきて揺らぎます。ユダヤ人はそういう意識をいつもどこかに持っています。ヨーロッパのキングというのも成り上がりです。皇帝と違い、キングはいつでも入れ替えができるのです。

そう考えると、万世一系という同じ権力が続いていくことを誇りにしているのは日本ぐらいかもしれません。同じ権力が続くというのは、人びとが「いまの社会でいい」という意思表示をしていると捉えることができます。ところがその日本だって、ほんとうは万世一系ではなかったですね。それに鎌倉時代から江戸時代までは朝廷に対する批判として軍事政権が幕府を作り、権力を二元化しているのです。けれどもまったく政権を転覆させるのではなく、権力は二分したけれども、形式的には前の権力から政権を一時預かるという形で、古い権力を遺《のこ》すという巧妙なかたちで批判政権を作っています。

ともかく日本の社会というのは、「いまの社会でいい」という意識が潜在的にある、世界でも特殊な社会だと考えたほうがいい。その日本に、「いまの社会がベストだ」ということを売りにしている資本主義社会が入ってきたのです。だから、いまが人間の歴史のなかで最高の社会をつくっているんだよ、働けば働くほどお金が儲かるよ、という資本主義のフィクションに、簡単に洗脳されてしまうことになったと思うのです。それはまったく嘘っぱちなのですが、その嘘にだれも気がついていません。

しかもいまの日本人は金も持っていて、物質的にはなんでも手に入れることができるようになりました。資本主義社会の御用学問となっている科学が技術を支配して、人びとの欲望をくすぐるものをどんどん作らせています。だから、現世への執着がますます強くなっていくのです。

医学が発達すると、いかに生き続けるかということしか考えなくなりました。「おまえ、死ぬるときに死ねよ」ということをだれも言わなくなったのです。

かつて中国に不老不死の思想というのがありました。そのころの中国にはほんとうの宗教がなかったから、あの世がないのです。あの世がないと現世しかない。現世をできるだけ延長するよりほかない。それはいまの日本人も同じですね。いまや一分でも一秒でも長生きしないと損だという思想になってしまっています。もう少し早く死んでおけば、あんなに悪しざまに言われなくてすんだ、という人がいっぱいいるのです。

むかしは、この娑婆世界というのはつらい世界だ、と浄土へのあこがれがありました。それはなにも庶民だからというのではなく、天皇や貴族という、時の権力者ですらそうであったのです。現世の汚さ、いやらしさというものが身にしみていたからでしょう。でも、いまの人びとには厭《おん》離《り》穢《え》土《ど》という感覚がありません。

ところが実際には、人びとはこの社会に対して恨みや怨念を潜在化させています。「この社会がベストだ」と洗脳され、そう信じているのに、どうも自分はそんなに幸福じゃない。なにか空しい。なんで自分だけが幸福じゃないんだろう、なんでこんなに空しいのだろう。その怨念がいつもくすぶっています。

すぐ人をやっかんだり、社会でちょっとときめいた人の足を引っ張る、そういうかたちで恨みや怨念が噴出しています。あるいはますます物質的欲望をふくらませて、その空しさを埋めようとしています。

それが現代の不幸だと思うのです。

そしてこの不幸は、宗教でしか解決できないものであることを理解してほしいのです。

第4章　いまの「あるがまま」を受け入れよう

Q だれだって自分の子はかわいいじゃないですか?

あるがままの子どもを愛そう

だれだって自分の子はかわいいですね。

「それならばお尋ねしますが、あなたのお子さんが学校の成績がビリであれば、ビリの成績がいいとお考えですか?」

こういう質問をしますと、たいていの親は、

「そりゃ、いい成績をとってもらうに越したことはない」

とおっしゃいます。

「やっぱり親の分までがんばってもらって、いいところに就職してもらいたい」

しかし、そうおっしゃる方は自分の子どもをかわいがっていない。わたしはそう断言します。

それは自分の子どもを、社会の奴隷に仕上げようとしているのですよ。

いま文部科学省は、個性を伸ばす教育をやろうとしています。わたしは大賛成です。

しかし言っておきたいのは、個性とはなにかということです。

たいていの人は、個性を伸ばすというと、その子のいいところを伸ばすのだと考えます。

「いいところを伸ばせば、その子にとって自信になるし、将来きっと役に立つ」

でも、ちょっと考えてください。その子の「いいところ」とは、あくまで大人が見た「いいところ」です。サッカーが上手なら、たしかにそれを伸ばせば、よりサッカーが上手になるかもしれません。楽器の演奏が上手なら、それを伸ばせばコンクールに出場できるかもしれません。

しかし、それは子どもが決めることですね。

また、この子は優しい子だから、もっと気持ちの優しい子にしてあげたいと思う人もいるでしょう。でもね、「いい性格」というのは、たいていの場合、親や先生が扱いやすい性格、先生や親にとってつごうの「いい性格」のことなのですよ。親に反抗したり、先生の言うことを聞かなかったりするのは、「悪い性格」ということになってしまうのですよ。

それに、子どもの「いいところ」というのは、じつは、親や先生のつごうで決められているのです。サッカーや楽器演奏だって、親がそれを「伸ばしたい」ときにはたいてい裏があるのです。

「この子のサッカーの才能を育てたら、将来プロのサッカー選手になって、契約金がたくさん入るかもしれない」

「一流のピアニストになれば……」

そんなのちっとも子どもの個性ではありません。逆に子どもの個性を摘み取ってしまうことになるのです。

また、子どもが怠け者だからといって、「怠け癖を直すことでこの子の個性を引き出すことができる」と考えるのも個性教育ではありません。

では、いったいなにが個性なのか？

じつは、怠け癖のある子は、その怠け癖が個性です。音痴の子は、音痴であることが個性です。勉強ができない子は、勉強ができないことが個性なのです。それぞれの欠点や弱点が個性だと考えていただきたいのです。

ですから、個性を伸ばす教育というのは、怠け者をますます怠け者に、音痴は音痴らしく、より音痴にすることです。勉強ができない子どもは、その勉強ができないという個性を伸ばしてあげてほしい。そして、子ども自身がそんな自分の個性を大事にして、好きになってほしいのです。

なぜそんなことを言うのか？

それはわたしたちが、個性というものを「世の中の役に立つ性質」と考えているからです。もっと言うなら、個性を伸ばすということを、世の中の物差が「いい」という子に作り変えることだと考えているからです。

ギリシャ神話を題材にした言葉に「プロクルステスのベッド」というのがあります。

プロクルステスというのは、「伸ばす人」という意味です。ギリシャ神話の中で、このプロクルステスは悪人として登場します。旅人を襲う山賊のようなものです。そのプロクルステスは鉄でできたベッドを二台持っていて、捕まえて来た旅人をそのベッドに縛りつけ、大きなベッドに縛りつけられた小さな人は、ベッドに合うように手足を引き伸ばし、逆に小さなベッドに縛りつけられた大きな人は、ベッドより長い分を切り落としていました。結局は、テーセウスという英雄に捕らえられ、自分がしたことと同じことをされて殺されてしまうのですが、そこから「プロクルステスのベッド」という言葉が生まれ、官僚統制という意味に使われるようになったのです。

わたしは、いまの学校や親がしているのは、このプロクルステスだと思うのです。「個性を伸ばす」と言いながら、そのじつ、世間が「いい子だ」という鋳型《いがた》どおりに子どもを伸ばしたり縮めたりしようとしているのだと思うのです。それは子どもの個性を伸ばすどころか、プロクルステスに捕まった旅人のように、子どもが痛めつけられることになります。

わたしは最初に「子どもがビリの成績をとっても、それでいいと思うか」という意味の質問をしました。わたしの答えはこうです。

「おまえ、ビリだったのか、よっぽど勉強がおもしろくないんだな。おもしろくないなら勉強なんかしなくてもいいよ、いま、おまえが一番おもしろいと思うことをすればいいよ」

子どもは、おもしろいと思えばだれに言われなくても自分でやるものです。それは学校の成績とは関係がありません。成績にこだわっているのは学校と親のほうなのです。

ほんとうに自分の子がかわいいというなら、その愛は絶対的な愛であるはずです。その子の成績がたとえビリであっても、ビリであるいまのその子のすべてが「かわいい」と思うはずです。それが親の愛です。もし自分の子が登校拒否を始めたとしたら、「学校なんか行かなくたっていいよ」と言ってあげるのがほんとうの親の愛情なのです。

わたしは登校拒否の問題についてよく相談されます。企業の研修に行って仏教の話をしたときでも、あとで座談会になって、いろいろな身の上相談をもちかけられます。その中でも多いのが、この登校拒否です。

講演などの場で「登校拒否で悩んでる人は手を上げてください」と言うと、二割近くの人の手が上がります。とにかく多くの親御さんが登校拒否で悩んでおられるのです。

登校拒否については、あちこちのお寺のお坊さんが取り組んでおられます。以前、そんなお寺を取材するために兵庫県の丹波《たんば》に行ったことがあります。

そこでは、登校拒否児を持った親御さんが集まり、月に一回雑談の会をやっていました。親御さんにとっては相談できるところがないものですから、月一回の雑談だけでも助かるのだといいます。

あるお母さんが、

「うちの子は、もう一年も学校に行かないでいる」

と言うと、別の人が、

「あなた一年でいばるの、うちは三年よ」

ときりかえしてきます。またある人は、

「最初は叩いてでも学校に連れて行こうとしたけれども、いまは子どものほうが大きくなって、こっちがぶん殴られる状況だ」

と言うのです。

解決できたといわれる方の話もうかがいました。

すると、解決できたというのは、学校に行くことではないのです。

ほんとうに自殺の危機があったり、部屋の中に閉じこもって出てこなかったり、暴れまわって親を痛めつけたり、という状況から和解できたこと。それが解決だとおっしゃるのです。

「なんとかして学校に行かせようと思ったけど、精も根も尽き果てたんです。もう行かないんだったら行かないでいいやと、そうふんぎれたときに子どもがコロッと変わりました」

これはどういうことでしょうか。

親が自分の物差を子どもにあてて、「将来はこうしよう」と考えているとき、じつは子どもは辛いのです。世間の物差の奴隷にされていることを敏感に感じ取っているのです。

「おまえ、このプロクルステスのベッドの長さに合いなさい」と鋳型にはめ込まれようとしているときの辛さを、感受性の強い子どもは敏感に感じ取って拒否してるわけですね。

ですから、解決方法はなにかといえば、親が物差を捨てることなのです。

「この子はこの子でいいんだ」

それがわかることが、解決の糸口になっていくわけですね。

わたしは以前、作家の安部譲二さんに著書の推薦文を書いてもらったことがありますが、その安部さんがこんな話をしてくれました。

あるヤクザが刑務所で服役しているときに、お母さんが面会にこられた。そんなとき、普通の母親なら、泣き出すか、「なんてバカなことをしてくれたんだ」と怒るかでしょう。ところがそのお母さんは、

「あなたが刑務所に入ってくれたおかげで、わたしは人の見れない刑務所の中まで見ることができた」

と言ったのだそうです。この一言に、そのヤクザも「ごめんなさい」といって謝ったというのです。そして「その言葉が自分を立ち直らせてくれたんだ」と言っていた

そうです。

そのときに母親が「バカなことをしでかして、親戚に顔向けできない」などと、世間の物差を振りまわしたら、そのヤクザはきっと立ち直らなかっただろうと思います。

親にとってわが子は幾つになってもかわいい存在です。その子がたとえ犯罪者になっていても、かわいいわが子なのです。犯罪者になったならそれはそれでいいじゃありませんか。

ところが、あるところでこの話をしたら、「おまえは犯罪者になれというのか」と、お叱りの投書がきました。

そんなことを言ってるわけではないのです。犯罪を犯したわが子をいつまでも「なんてバカなことをしてくれたんだ」と責めても、事態はなにも変わりません。むしろ親と子の関係が悪化するだけです。刑務所に面会に行ったのなら「ああ、会えてよかった」というのが、ほんとうにわが子を愛している親の表現だと言っているのです。

しかし、いまの親たちは自分の子どもを愛していません。いや、むしろ憎んでさえいます。

子どもが自分の思いどおりになるうちはいいのですが、思いどおりにならなくなったとき、親は子どもを憎みはじめるのです。泣き声がうるさい、言うことを聞かない、そんな理由で幼児を虐待するのです。日本の中でいかに幼児虐待が多いか。どれだけコインロッカーベイビーが多いか。そういう親にとって、子どもというのはペットとしての存在なのです。

子どもがかわいいというのは、ペットをかわいがるような、かわいがり方じゃないでしょうか。犬がチンチンをしたりお手をやれるようにする、そういう感覚で自分の子どもにしつけをするのです。犬が吠えると困るからと声帯手術までして飼うように、自分の子どもを泣かせまい、腕白にさせまいとして、自分の意のままに飼いならそうとします。そして、それが親の愛情だと思っているのですね。ですから自分の意のままにならないと、虐待する。

わたしはこれを「ペット化現象」と呼んでいるのですが、これはほんとうにおかしな社会です。

Q　姑とはうまくいかない、子どもがそんなにかわいいとも思えない。
　それは異常なのでしょうか？

この世の中は汚い世界なのだ

わたしは、「この世の中は汚いんだ」ということを仏教者がもっと教えるべきだと思うのです。この世は穢土《えど》だということを、もっと伝えなければならないと思うのです。

ところが、こともあろうにそのお坊さんが、

「親が子どもを愛するように、ほとけの慈悲のこころは絶対です」

ということを言う。これがおかしいのです。

親は子どもを愛するというけれど、親と子の愛なんて見苦しい、醜いものなのですよ。

誤解を承知で言えば、それはつごうのいいときだけ愛しているのであって、そんなに美化すべきことではないのです。

それに、親は子どもを愛している、なんて教えるから、親は子どもを愛さなければ

ならないという強迫観念に囚《とら》われるようになるのです。

泣きわめく赤ん坊の声がうるさい、とせっかんする親がいますが、そんな感情は、どの親だって一度や二度は経験したことがあるはずです。「あッ、こんなこと考えちゃいけない」と思いながら、そう考えてしまう自分に苦しんでいる母親が大勢います。それなのに、そんな親は悪い親だ、という「レッテル」を貼られれば、たまったものではありません。だから母親は、そういう「レッテル」の重圧に負けて育児ノイローゼになっていくのです。

そういう母親に、

「親が子を虐待する、そんなことは人間ならそういう気持ちをだれもが持っている。人間というのはそういうように醜く、矛盾に満ちた存在なんだよ。あなたはそれに気づいた。それはすばらしいことだ。あなたのこころの中にいるほとけさまがあなたに気づかせてくれたんだよ」

と言ってあげる。それが仏教者の言葉だと思うのです。

親が子を愛するということのなかには、二つの愛が含まれています。ほとけの愛と世間の愛。

ほとけの愛というのは差別をしない愛です。勉強ができるから愛するとか、「ワル」

でしょうがないから愛さない、とか、そういう差別をいっさいしない愛です。また自分の子どもだから人の子だからといってまったく分け隔てをしない愛です。

しかし世間の愛というのは、利害の愛です。裏に必ず打算があります。

親は、他人の子がしていても平気なのに、自分の子が同じことをすると気になるものです。それは自分の子どもと他人の子どもを差別しているからです。自分の子どもに執着しているからです。

「自分の子には、もっといい子になってほしい」

それはほとけの愛ではありません。いい子になってほしいと考える裏に、必ず打算があるのです。

親が子どもをなぜ生むかといえば、ハッキリしているのは子どもに老後の面倒を見てもらうためです。

いまの社会では、子が親の面倒を直接見るという関係だけでなく、親の年代がその老後を子どもの年代に見てもらうという関係になってきました。親は「老後の年金は自分が積み立てた」と思っているけれども、じっさいには子どもの年代が積み立てている年金を使っています。

そのように、親の面倒は社会が肩代わりして見る、子どもが直接面倒を見ないでいいということになると、子どもを生まなくなってきています。

結婚しない女性が増えているというのも、子どもを生む必要がなくなってきたからです。亭主は持たない、子どもは生まない、自分の老後の問題さえ解消できれば、どうもこのほうが楽だ、と考える人が多くなる。でも寂しいからといってペットを飼う。そういうご時世になっているのです。

捨て子をコインロッカーベイビーと呼んで、いまの親が堕落しているようなことをマスコミが書き立てているのですが、そんなのはむかしからあったことです。江戸時代には捨て子や間引《まび》きがいっぱいある。親が子どもを虐待するなんて日常茶飯事だった。コインロッカーベイビーなんて捨て子といっちゃえばいいのです。いまの世の中だけじゃないんですよ。

それをマスコミが、いかにもいまが堕落しているように書くけれども、違うのです。親と子の関係なんて醜いものなのです。親はそのことを自覚してほしいのです。

「わたしはそんな醜い関係は作らない。親と子のこころが通えるような関係を作り上げていくよう努力します」

そういう知性派の親がいますが、娑婆の世界ではそんなことはできないのです。それは娑婆を理想化し、娑婆に執着しようとしているだけです。あなたが子どもに執着し、あなたの考えを子どもに押しつけているだけなのです。

そんないい関係ができるのは、あなたが親であることをやめるときだけなのです。そのことをわかってもらいたいのです。

夫婦だって同じです。うまくいくわけがないんです。ましてや他人なのですから。

もっとうまくいかないのが嫁と姑です。この問題は解決できるわけがないのです。

これらは、おそらく人類が何万年と悩んできた問題です。世間の物差では問題を解決できない、ということをまず「明らめ」る必要があるのです。

それを自分が解決できる、解決しようと言う人がいる。解決するために仏教はどうしなくてはならない、と言うお坊さんまで現れてくる。それは嘘なんですよ。

わたしは、対立は対立でいいと思うのです。それぞれのあるがままを認めればいい。和解しようとしないほうがいい。「思うがままにならないこと」を「思うがままにしよう」とするべきではないのです。

――自分たちがこだわっているこの娑婆世界というのは、そんなにいいわけはないんだ、「思うがままになる」ものではないんだよ――

いまの人にはその覚悟がないんです。とりわけ善人というのはたちが悪いのです。

「わたしはあの人に親切にしてあげようと思っていたのに、あの人はわたしの言うことを聞かない。あの人が悪いんだ」

なんてすぐ文句を言うのです。

なまじ正義をふりかざすからよけいこじれるのです。

自分は悪人だ、あの人に親切にしていないから当然だ、と思っていればまだ救われるのですよ。

ですから、嫁と姑がうまくやれるなんて思わないで、うまく表面を取り繕《つくろ》っていればいい。それが娑婆の生き方です。つきあう以上は、ほとけさまからの預かりものだと思って世話すればいいし、嫌だったら捨てればいいのです。ただ、世話をする以上は全身全霊を打ち込んで世話しなさい、ということです。それが仏道修行だと思ってやるべきだと思いますね。

Q　悩むなといわれても、世間は思い悩むことばかりなのですが？

未来のことはほとけさまにおまかせしよう

わたしたちは、日々悩んでいます。ほんとうに世間は思い悩むことばかりです。

きょうの夕食なに作ろうか、きょうはなにを着て外出しようか、という日常の些細《ささい》なことから、きょうのデートでなにを言えば気に入ってもらえるだろうか、この男と結婚しようかどうしようか、会社を辞めようかどうしようか、姑との折り合いが悪いがこれからどうすればいいか、女房が浮気をしているらしい、父親にできた女が家の財産を狙っているようだ……。

ほんとうに悩みの種はつきません。

でもわたしたちは、なぜそんなに悩んでばかりいるのでしょうか。

じつは、悩みというのは未来をどう選択しようか、と迷っている状態です。そして、たいていの悩みというのは「どちらでもいい」から悩んでいるのです。

たとえば会社を辞めるか辞めないか、という問題では、辞めてもいいし、辞めなくてもいいと思うから悩みがおこるのです。どうしても辞めたければ、さっさと辞めるでしょうし、辞めるとたちまち生活に困るときは辞めないのです。

「どちらでもいい」から悩む悩みというのは、「あきらめ」ることが大切だ、と仏教では教えています。

「あきらめ」るというのは、「諦める」という意味ではなくて、「明らか」にするということです。

世間の物差では、ものごとを「明らか」にする方法のひとつに、科学的な方法というのがあります。科学的な方法とは、いろいろな物差を使って「原因」から「結果」を引き出すことです。物差を研ぎすましてものごとを正確に測り、原因を見つけだす方法です。あるいは、いろんな物差を持ち出して見つけ出した「原因」の軽重や重要度を確率や平均値で測っていく方法です。

もしそういう方法で解決できるのであれば、そうすればいいのです。

会社を辞めたいという理由が、給料が安いということなら、さまざまなデータを集めて会社と交渉し、給料が高くなればそれでいいし、上がらなければやめればいいのです。

でも、悩んだり、迷ったりするというのは、いまより給料がいい就職先が見つかったけれども、仕事の内容がいまひとつ気乗りしない、どうしようか、というような、いまの状態が「どちらでもいい」から悩む悩みです。そんなときに、確率や平均値のようなデータは役に立ちません。結局は悩んだまま、どちらかに決めてしまい、決めておきながら、あとでじくじくと後悔することになります。

もうひとつの方法は、人に相談することです。先輩に相談する、上司に相談する、お父さんやお母さんに相談する。そういう方法です。

でも、それもやめたほうがいい。

なぜかというと、人に意見を聞くときには、じつはたいてい自分の結論を決めているのです。ただその結論でいいのかどうかいまひとつ自信がない。そこで人生の経験者やこころおきなく話せる人の意見を聞くのです。そこで意見が合えばまだいいのでしょうが、反対の意見を言われると、また新しい迷いとなります。逆に、その人に説得されて、自分の意見とは反対の道を選んでしまうことだってあります。その結果、失敗したりすると、相談した人を恨むことになります。なんであんなやつに相談したのか、なんて思わないとも限りません。人間関係というのはそんなものなのです。

もうひとつ、自分の価値観で選ぶ、という方法もありますね。

たとえば、里親を引き受けるのにどの子を選ぼうか、というときに「わたしは外見のいいこの子がいい」という選び方です。これもやめたほうがいいと思います。あとになってしっくりいかなくなったとき、お互いに醜い責任のなすりあいになってしまいます。

一番いい方法、それは「ほとけさま、決めてください」ということです。

人間というのは、いまこの瞬間を生きています。そして、さまざまな「縁」によっていろいろな選択肢が生まれてきます。でも、人間には、未来がどうなるのかいっさいわかりませんね。ある程度予測できることもあるかもしれませんが、それは経験上そうなると思っているだけです。そんな未来を、自分で選ぼうとするから悩むのです。

仏教に選択という言葉があります。選択という漢字は、一般には「せんたく」と読んでいますが、仏教では「せんちゃく」とか「せんじゃく」と読みます。

わたし流の解釈では、人が世間の物差でこれがいいと選ぶのが「せんたく」、ほとけさまが選んでくださるのが「せんちゃく」です。

わたしたちは、自分の人生は自分のものだと考え、自分の生き方は自分で選んでいると思っています。でもいまの自分というのは、自分が作ったものではありません。さまざまな「縁」が作っているのです。まわりが優秀な人ばかりだったので落ちこぼれになっていく、それも「縁」です。癌にかかったというのも「縁」です。

そういうわたしたちの目に見えない無数の「縁」がいまの自分を作っているのです。五十年生きた人は五十年分の「縁」があります。その「縁」は自分が作ったものではない。もちろん他人が作ったものでもない。それはほとけさまが作ってくださった「縁」です。

「そんな未来のことなど、いくら測ってもいくら悩んでもわかりっこない」

そう悟ることが「明らめ」です。逆にいえば、この世の物差で測ること、未来を知ろうとすることを「諦め」ることでもあります。そして未来のことはすべてほとけさまにまかせてしまえばいいのです。

Q　もう一度やり直したいと思っているのですが？

一本の煙草が、つぎの煙草の「業」を作る

まず、ものごとをやり直す必要があるのか、それはなんのために、なぜやり直そうとするのかということをまず問いかけてみてください。よく考えれば、たいていの場合やり直す必要などないことがわかるはずです。そして、逆にいえば、やり直すことなんてできないのです。

人間の行為というのは「業《ごう》」の積み重ねです。ひとつの行為は、それが残留効果になってその人格に付着していきます。ですから一度蓄積した業は捨てることができません。捨てることができないということは、その「業」は一生背負ったまま生きていくしかないということです。

たとえば煙草を吸うとしましょう。

一本の煙草を吸うと、その煙草を吸うことによってつぎの煙草が吸いたくなります。煙草を吸うことによって、つぎの煙草を吸いたくなる、という行為が生じているのです。煙草を吸わない人は、とうぜんつぎの煙草を吸いたくなるという行為はおこりません。この行為が「業」です。煙草を吸うという行為も「業」ですが、つぎの行為を呼び起こす力も「業」なのです。

煙草を吸う人は煙草を吸わないとイライラしてきます。煙草を吸いたいという欲望が蓄積されているのです。その欲望が高まってきて一本煙草を吸う。そうすると、煙草を吸いたいというイライラ感がゼロに戻ります。でもなにもプラスはありません。そして同時に、つぎの煙草を吸いたいという行為が、つぎのイライラ感を生み出すのです。ですから煙草を吸うことによって煙草のみという「業」が蓄積されているわけです。

では、煙草をやめるという行為はどうすればできるのでしょう。

かつてわたしは一日五十本ぐらい煙草を吸っていました。

ある日、友人の家で麻雀をやりました。集まった連中はみんな煙草を吸うのですが、その友人は吸わない。普通煙草を吸う家では灰皿をすぐに片付けるのですが、煙草を吸う習慣のない家ではそのことに気がつきません。そのままにしていたら、赤ん坊が煙草の吸い殻を食べてしまったのです。すぐ医者に連れて行き、幸い一命は取りとめたのですが、ほんとうにいのちが危なかったのです。そういう事件がありました。

そのときわたしは、自分が吸っている煙草で人に迷惑をかけた、これは罪悪だ、やめようと思ったのです。

わたしは仏教者として考えました。

要はわたしが吸いたいという気持ちをなくせばいいだけだ。しかし、わたしはこれまで煙草を何千本、何万本と吸ってきた。いままでさんざん吸ってきたという「業」を変えることはできない。煙草をやめるためには、吸わないという行為を新たに作るほかはない。

これは煙草をやめようということではありません。

新しく吸わないという行為を蓄積していき、それがいままで煙草を吸っていた蓄積と差し引きゼロになったときやめられるだろうと思ったのです。

そこでわたしは、両切りのピースを五十箱買ってきてマッチと一緒に服のポケットのすべてに入れました。研究室のいろんなところや、トイレの中にも置きました。そして「いま煙草を吸わないという行為をやっている」と自分に言い聞かせながら、吸わない行為を積み重ねたのです。

これは愛情が冷えた夫婦の場合も同じです。

お互いに不倫をやり浮気をやって、信頼関係をなくしてもう離婚寸前までいっている夫婦。

この二人がもう一度やり直すというのはなかなか難しいものがあります。

ふつうならあきらめてさっさと離婚するほうが早いですね。

この二人がもう一度やり直すにはどうすればいいのか？

このときよく考えてほしいのは、二人の愛情が冷えきっていることです。マイナス一〇度ぐらいだと考えておきましょう。

そのときに「過去のことを水に流してやり直そう」と考えるのは、愚の骨頂です。

水に流すというのはゼロの状態にしようということですね。もちろんそれができれば楽ですが、そうはいきません。いくら水に流そうとしても、いままで二人のあいだで蓄積してきたこの冷えきった関係というのはなくすことができないのです。過去のことは水に流せないのです。ゼロというのは、あくまで見ず知らずの人とはじめて出会った状態なのです。

この冷えきった状態を、マイナス九度、マイナス八度というふうに少しずつ暖めていくには、お互いが新たな愛を築いていかなければなりません。毎日毎日、「母ちゃん愛してるよ」と、愛するという新たな「業」を積み重ねていくのです。そうしてそれを長い時間をかけて蓄積していってやっと差し引きゼロの状態にすることができます。それをなおも積み重ねていくと、ようやくプラス一〇度ぐらいにすることができるのです。

最初に、やり直す必要があるのですか、と問いかけたのはそのことです。そういう面もあるのです。もうマイナス一〇度まで冷えきっているのなら別れたほうがいい。

でも、もしほんとうにやり直すのであれば、新たな行為の蓄積ということを真剣に考えることです。離婚するのとやり直すのと「どっちが得か」なんて考えていては、とうていやり直すことなどできません。

第5章　自分の「いい加減」を生きよう

Q　いい加減な人生を送るな、といつも言われているのですが？

自分を他人の奴隷にするな

日本人は忍耐と努力という言葉が好きです。

貧しい生活を耐え忍び、努力を重ねてあすの日本を造ろう、という戦前の「滅私奉公」教育の残渣《ざんさ》なのかもしれません。しかし、こうして生まれた「忍耐」や「努力」は、人間の主体性を奪い取る奴隷の精神でしかありません。

「人に好かれる人間になりなさい」「人の役に立つ人間になりなさい」という教育は、子どもたちに強迫観念を与えると同時に我慢を強いています。おちゃらけたり、道化《おどけ》たりできる子はまだいいのですが、できない子だっています。そんな子どもは、自分にふりかかった過大な要求にじっと耐え忍んでいるのです。我慢に我慢を重ねているのです。その我慢が耐えきれなくなったとき、突然キレます。暴力行為が始まったり、登校拒否をするのです。そんな子どもに対して、「非行」や「登校拒否」というレッテルを貼りつけているのがいまの教育です。

我慢できることは我慢すればいい。でも我慢に我慢を重ねて耐え忍ぶ必要はありません。

我慢というような極端なことはするな、というのが仏教の教えなのです。

そこで、そんな子どもたちには、自分の「いい加減」を教えてあげることがたいせつだと思います。自分たちが自分たちのままでいいんだよ、ということを教えてあげるのです。

「いい加減」とは、おふろの湯加減のようなものです。熱い湯が好きな人には熱い湯が「いい加減」ですね。ぬるい湯が好きな人にはぬるい湯が「いい加減」なのです。

その人その人によってこの「いい加減」は違います。「いい加減」というのは、自分が自分らしさを持つことだ、と言い換えてもいいでしょう。

ところが「いい加減」を、ぬるま湯と誤解する人が多いのです。ぬるま湯というのは、中途半端な湯加減です。だから「そんないい加減なことをしていてはいけない」と言う人がでてきます。もっとまじめにがんばれ、と言うのです。もっと我慢しろ、と言うのです。

これは我慢することがいいことだと思っているからなのです。

もうそんな考え方は「いい加減」にしてほしいのです。

自分のいい加減を見つけよう

もうひとつよく間違えられるのが、「あきらめ」です。仏教がいう「あきらめ」とは、「諦め」ることではありません。「明らめ」る、つまりものごとの真実を明らかにすることです。

なにを明らかにするのかというと、「思うがままになる」ことか「思うがままにならない」ことかを明らかにするのです。

ところが人間というのは、執着で論理を曇らせてしまいます。

明らかに悪いことなのに、「でもねえ」と言いはじめるのです。

たとえばわたしが、

「仕事のために人間らしい生き方を放棄するのは悪です。仕事はもっといい加減にやればいい」

と言ったとします。するとたいていの人は、

「あなたの言うことはよくわかる。でも、そんなことすると日本の経済がダメになるじゃない」

と言うのです。

出家という話をするとしましょう。

「出家とは出世間《しゅっせけん》ということです。世の中の執着を断ち切ることです。この世の中に対して無関心になることですよ」

ところがそう言うと、世捨て人になることだ、と極端に解釈するのです。

「みんなが世捨て人になって山の中に入ったらこの世の中どうなるんですか」

そういう極端な議論はもう「いい加減」ではありません。

親子の喧嘩でも夫婦喧嘩でも同じです。

「それは悪いことだ」とわかっているのに、わざと議論を難しくして話をそらそうとするのです。それは、いまの生活や社会に対する「執着心」です。いまの生活を手放したくないからなのです。みんな自分がかわいいからですね。わかっているけどわかりたくないのです。

ほとけさまのこころはだれもが持っています。みんな、なにがよくてなにが悪いかわかっているのです。ほんとうはちゃんと「あきらめ」られているのに、わざわざ曇らせようとしている。じつはそれが煩悩《ぼんのう》なのです。

それともうひとつ、「いい加減」ということでみんながこだわるのは、みんなの「いい加減」があると思っていることです。平均的な答えを求めているのです。

「努力はしないほうがいい」と言うと、「それはわかるけれども、じゃあ、どれだけの努力だったらしていいんですか」、と一つの基準を決めたがるのです。

それは自分の「いい加減」でいいのです。きょうはこれでいいと思えばそれが「いい加減」だし、きょうはなにもやりたくないと思えばそれが「いい加減」です。

ところが毎日同じペースでやりたい、ここまでやればこれが「いい加減」だということを決めたいのです。それを決めてほしくてしようがないんですね。

人に決めてもらわなくては安心できない、それは奴隷ですよ。

自分の「いい加減」は自分で見つけなさい。それがあなたの主体性ではありませんか。

わたしが、新幹線の中で原稿を書いている、と言うと、それは「がんばっている」と言うのです。平均的ながんばり、というのを自分で想定して、それにこだわっているからですね。わたしは自分の「いい加減」にやっているだけなのです。

ただ、自分の「いい加減」を見つけるというのは、そう簡単ではありません。全部を足して平均値を出して、きょうはこのへんでいいだろう、というのは「いい加減」ではありません。それもこだわりです。

怠け過ぎているときは、これじゃダメだ、もっとやらなければいけない、またやりはじめたら、これはやり過ぎだ、というふうに、いつも自分を否定していく側面を矛盾的に持っています。そういう側面はあるのですが、だからといって「これじゃあいけない」と考えれば、それはそれで「いけない」というこだわりを持ってしまうことになるわけですね。

わたしの「いい加減」が見つかりました。わたしの「いい加減」はこれなんですよ、と言うと、それがひとつのこだわりになって「いい加減」ではなくなるのです。

自分のいい加減を見つけるというのは難しいことです。ですから最初は、自分がこれでいいと思うこと、自分が自分のままであると思うこと、それを「いい加減」と考えてください。普通の人はそこからしか入れないのですから。

Ｑ　人は平等を求めていますが、ほとけの世界というのは平等なんですか？

平等というのは浮世の原理である

いま学校では、百人の子どもがいれば、一番から百番まで順位がつきますね。順位をつけるのはやめて、一切評価しないでおこうという考え方もあります。なにも評価しないことが理想だ、とする考え方です。でも、現実にその理想が実現できるかというと、それは不可能です。順序を決めないとしようがない面があるのです。

有名なタイタニック号の沈没事件で、映画に出ていない重要な場面があります。それは一等船客から順番にボートに乗せたことです。まず上位の船客を全員ボートに乗せるまで、三等船客は船員がライフル銃を構えて外に出さなかったのです。

これは浮世の原理です。それとおなじように、平等というのも浮世の原理の一つなのです。

しかし宗教の原理はそれとはまったく違います。

キリスト教の聖書の中に、「ぶどう園の労働者の喩《たと》え話」というのがあります（マタイによる福音20）。そこに、天国の喩え話としてこんな話が書かれているのです。

あるぶどう園の主人が、ぶどう園で働く労働者を雇うために、夜明けに広場に出かけていきました。——このぶどう園というのが天国で、主人は神さまだと考えてください。夜明けというのは午前六時ごろのようです。

主人は、一日につきデナリオン銀貨一枚の約束で労働者を雇い、ぶどう園に送り込みました。——デナリオン銀貨というのは、帝政ローマ時代の通貨の一種。まあここでは銀貨一枚は一日の労働者の賃金としては適当な金額と考えておきましょう。

主人はまた九時ごろ広場に行って、なにもしないでぼんやり立っている人びとに「おまえたちもぶどう園に行きなさい。相応の賃金を払おう」と言って、その人たちをまたぶどう園に送り込んだのです。――ここでは主人は賃金がいくらであるか、なにも言っていません。

主人は、十二時ごろと午後三時ごろにも広場に出かけ、同じようにしました。

午後五時に主人が広場に行くと、また別の人びとが立っています。「なぜなにもしないでここに立っているのか」と尋ねると、かれらは「だれも雇ってくれない」と言うのです。そこで主人は「おまえたちもぶどう園に行きなさい」と、ぶどう園に行かせたのです。

夕方六時ごろになって、ぶどう園の主人は現場監督に「労働者たちを呼んで、最後に来た者から始めて、最初に来た者まで順番に賃金を払ってやりなさい」と指示しました。

そこで午後五時ごろ来た者は銀貨一枚を受け取りました。最初に雇われた人たちは、自分たちはもっともらえるだろうと思っていたのですが、やはり銀貨一枚だけでした。それで主人に文句を言ったのです。

「最後に来た連中は一時間しか働かなかった。まる一日暑い中を十二時間も辛抱して働いたおれたちと、この連中がなぜ同じ扱いなのか」

するとと主人はこう答えました。

「おまえはわたしと銀貨一枚の約束をしたではないか。おまえには不当なことはしていない。自分の分を受け取って帰りなさい。わたしはこの最後の者にもおまえたちと同じように支払いたいのだ。自分のものを自分にしたいようにしてはいけないのか。それとも、わたしの親切がねたましいのか」

ここで話は終わっているのですが、じつはこの話は解釈が難しいのです。十九世紀のイギリスの評論家にラスキン（一八一九―一九〇〇）という人がいます。ラスキンはこの話に基づいて『この最後の者にも（Unto This Last）』という、当時のイギリス経済社会を批判した経済評論的な本を書いています。

その中でラスキンは、話の内容を「平等の原則というのを神は打ち立てた。何時間働こうとみな平等なんだ」と解釈しています。

しかし、わたしはこの解釈は大間違いだと思います。

平等というのは、人間社会の理想的な原理としては成り立つだろうとは思います。でも現実には、悪平等になりうるわけで、平等ゆえの差別がおきることだってあります。この話がもし平等をテーマとして書かれているのであれば、ぶどう園の労働者は何時間働いても賃金は同じという悪平等を被っていることになります。

もしも実際にそんな体制ができたとしたら、その社会はおそらくすぐ潰れてしまうでしょう。ソビエトが目ざした社会というのはある意味ではそれに近い社会で、それが労働者の労働意欲を失わせる結果となって崩壊しているのです。

神やほとけの原理はデタラメである

おそらくイエスが言いたかったのはこういうことなのではないでしょうか。

――神の国には人間の世界の原理である労働や賃金の平等という概念はないんだよ。神の国ではそんなのはまったくデタラメなんだよ。だから、たとえば午前六時に雇った者には銀貨一枚、九時の者には銀貨八枚、十二時の者には銀貨五枚、午後三時の者には銀貨十枚というふうに支払うんだよ――

時間給とか日給とか、人間の理性で判断できる原理は、あくまで人間の原理です。しかし、神の原理はまったく異質なものです。その異質性を表す人間の言語は「デタラメ」以外にはない。つまり神の原理というのは「デタラメ」なんだよ。イエスが言ったのはそういうことではないか。そうわたしは思うのです。

アナトール・フランス（一八四四―一九二四）という一九二一年にノーベル文学賞を獲得したフランスの文学者がいます。そのフランスが、『エピクロスの園』という断章集ともいうべき本を書いています。芥川龍之介がこの断章集を好み、それが『侏《しゅ》儒《じゅ》の言葉』という断章集のような短編になっていますが、その『エピクロスの園』の中に、

「人生においては、偶然というものを考慮に入れなければならない。偶然は、つまるところ、神である」（大塚幸男訳、岩波文庫版）

という文章があります。ほんとうに短いものですが、神の世界は人間の世界とはまったく違う原理だ、という本質を言い当てたすばらしい言葉だと思うのです。

わたしは仏教の講演でよくこんな問題を出します。

――太平洋のど真ん中に百人の人が溺《おぼ》れているとする。近くに島はない。ほとけさまに救ってもらう以外に救われようがない。そのとき、ほとけさまがどこからか救助に来る。さて、ほとけさまはだれから先に救うか――

この答えは、

「ほとけさまは、近くにいる人から順番に救っていく」

ですね。

　ほとけさまは絶対に差別しません。男が先、女が先ということはしません。年寄りが先か、若い者から救うか、という配慮もしません。過去のデータをみて善人から救うということもない。ましてや「お前、お賽銭《さいせん》いくら出す？」なんて聞くことは絶対しないのです。金を出したものから先に救うのは商売人です。それはインチキ宗教です。

　ほとけさまはデタラメに救われる。つまり近くにいる人から救っていくのです。

　これが宗教の大きな原理です。ほとけさまの原理、あるいは神の原理というのは「デタラメ」なんだと思っていただきたいのです。

　さて、さっきのぶどう園の譬喩《ひゆ》ですが、わたしはよく社員研修などでこの話をして、

「ではあなたは、朝の六時から働いて銀貨一枚もらった者と、夕方の五時から働いて同じ銀貨一枚もらった者とどっちがとくだと思うか、どっちが幸せだと思うか」

　と、尋ねます。するとたいていの人は、

「そりゃ夕方五時から働いて一時間で銀貨一枚もらった人のほうが幸せだ」

　と言います。

「でもよく考えてほしい。夕方から働いた男も、朝早くから家を出て、広場に行って

だれかに雇ってもらおうと待ち続けていたんですよ。朝、家を出るときに子どもに、お父ちゃん、ぼくはあした運動会があるんだ、運動靴を買ってきてほしい、とそう頼まれた。そうか、じゃあ運動靴を買ってくるからな、といって家を出てきた。しかし、朝雇ってくれる人はいない、九時になっても雇われない、昼になってこれから雇い人が来たって、半日分しかもらえない。子どもに運動靴が買えるかな、でも自分たちのパンはなくても運動靴だけは買っていこうと期待して待っている。でもだれも雇ってくれない。三時ごろになってもうだれも雇ってくれないなら、家に帰って寝ていようと思ったけれど、でもそうはいかない。そういうつらい思いをしながらどうしようもなくただ呆然と立ちすくんでいるんです。そこへようやく一時間でもいいから働けといってくれる人がいた。嬉しかっただろう。どれだけもらえるかわからない。でもまあいいと思う。そうしてようやく安心できた一時間なのですよ。でも、朝早くから働いている者は、きょうはちゃんと子どもにミルクを買ってやれる、おいしいごちそうも食べられる、と思っている。どっちが幸せなのか。あなたがた、一時間で銀貨一枚もらったほうがいいという、そんな金銭感覚だけでものごとを判断しているなら、それはエコノミックアニマルじゃないですか。そんな物差しだけで人生大丈夫なのですか？」

そう問いかけるのです。

すべてをほとけさまにまかせよう

十四世紀のフランスにビュリダン（？―一三五八年以降）という哲学者がいます。そのビュリダンが創ったといわれる「ビュリダンのロバ」という話があります。もっとも研究者によると、ビュリダンの著作の中にこの話は出てこないというのですが、真偽のほどは定かではありません。

「ある飢えたロバがいた。そのロバが飢えのために苦しんでいたが、ふとほし草の山を見つけた。幸か不幸か、同時に二つのほし草の山を見つけたのです。かなり離れたところにあるそのほし草の山は、量がまったく同じで同じ質のものだった。さて、このロバはどっちを先に食べようかと迷う。左の山を食べようとすると、右の山のほうがおいしそうに見える。じゃあ右のほうを食べようとそちらへ行きかかると、今度は左のほうが量が多く見える。そうして右往左往しているうちに、翌日両方のほし草のまん中で飢え死にしていた」

人間の迷いというのはそういうものだと思います。

わたしたちは、なにがいいか、どっちがいいかと迷うことがいっぱいありますね。

そして、いろんな物差で測ってみては、悩みや迷いを解決しようとします。でもね、この迷いは世間の物差では解決できない、とわたしは思うのです。世間の物差というのは、それほどたいした物差ではないのです。

宗教の本質というのは、人間の知恵の絶対性におごらない、ということだと思います。人間の知恵でものごとが解決できると思わない。それが宗教の本質と言い換えてもいいでしょう。

だから人間の知恵を信頼している限り、宗教性はありません。宗教と哲学の差はそこにあるのです。

哲学は、あくまで人間の知恵を普遍化し、時間と空間を越えてできるだけ広く普遍的に通じ合う原理を見つけていこうとします。宗教はそうではありません。人間にはそういう権限も能力もない、と考えているのです。

考えてみれば、ほとけさまの物差はデタラメです。人間には理解不能な物差です。でもその裏にはみんな救われるという信念があります。早い遅いの差はあるけれどもみんな救われる。

たしかに救われるのが遅い人は、そのぶん苦しむ時間が長いかもしれません。いやなことはいやなことでしょうが、でも別の面から見ればそれもおもしろいじゃありませんか。

先に救われてボートに乗っていると、風の寒さが身にしみますよ。全員が救われるまで待つというのもしんどいことですよ。

もちろん、これはいろんな考え方ができるだろうと思います。ですから、あなたが主体的に考えていただけばいいのです。

でもどっちがいいかわかりはしないのですよ。それならほとけさまの物差にゆだねましょう。ほとけさまのまえでさいころで決めましょうよ。

Q　出家するなんてわたしにはできそうにないのですが？

仏教とは、中道の思想である

仏教を少しかじった人の中には、出家するということは、いいことのように思っている人が案外多いのですが、決してそうではありません。

出家というのは、現代的に言い換えればホームレスになるということなのです。

わたしたちはお釈迦さまがすばらしいことをされたように教わってきましたが、あれはお釈迦さまがバカだったから、ああいうふうに出家しちゃったのだといえます。

じつはお釈迦さまの出家に対して、江戸時代の儒者たちがものすごく攻撃しました。たとえば荻生《おぎゅう》徂徠《そらい》とか、林羅山《らざん》とか、仏教が大嫌いな人たちですね。

「釈迦というのは、親を捨て、女房子どもを捨てて蒸発した人間じゃないか。あんな人でなしの教えのどこがいいんだ」

そう言って攻撃したのです。

そのように攻撃される根拠というのは、たしかにあるのです。

お釈迦さまは父親から釈迦国の国王の地位を継いでくれる息子だと期待されていました。釈迦国というのはそんな大きな国ではなくて、いまでいえばまあ、中小零細の赤字企業です。のちにコーサラ国という隣国に攻められて、滅ぼされてしまいます。ですから父親の跡を継いでもたいしたことはないわけです。お釈迦さまの出家というのは、そんな小さな国を継いで苦労するよりは、自分は自由になりたいといって、ぽんと家出する放蕩《ほうとう》息子のようなものですから、それは人でなしですよね。

仏教の側では、この出家を一つの方便としての道だったんだ、そうでなければお釈迦さまの後日はない、ということで是認しているのですが、なかには出家したお釈迦さまの行為を批難する言葉を綴《つづ》った叙事詩も残っています。それは『ブッダ・チャリタ』というサンスクリット語の叙事詩なのですが、その中で、お釈迦さまの妻であるヤショーダラの言葉を介して、お釈迦さまを批難しています。

「あなたは生まれたばかりの子どもを抱えて、まだ跡取りも育っていない。そして普通は夫婦二人で出家するのに、なぜ一人で出ていったのか。たぶんあなたは天界にいって、天女を抱きたいのだろう、自分一人で楽しみを味わいたいのだろう。人のことを考えない人でなし」

インドの伝統的な考え方では、人は歳をとったら出家する、跡取りができたら夫婦で出家するというのはあたりまえなのですが、お釈迦さまはそうしなかった。妻も子も捨てて出家してしまった。ヤショーダラはそんなお釈迦さまを恨み続けていたのです。

出家というものはそういうものだと考えていただきたいのです。

とにかくお釈迦さまは出家をして、修行として伝統的な苦行をされたのですが、苦行ではダメなんだと気づいたときに初めて「中道」という概念が出てきたわけです。尼連禅河《にれんぜんが》のほとりを歌をうたいながら歩いていたひとりの農夫の歌を聞いて、お釈迦さまはハッと気がついたのです。

その歌詞をすこし洒落《しゃれ》て訳してみると、

「琵琶《びわ》の糸、きりり締めればプツリ切れ、さりとてゆるめりゃベロンベロン」
——糸を締め過ぎると糸が切れてしまうし、ゆるめればあまりいい音が出ない——自分はこれまであまりにも極端なことをやってきたじゃないか。在家では快楽に溺れる生活であった。いまの苦行というのも極端だ。そんな両極端ではダメなんだ、と。そのときに「中道」という概念が閃《ひらめ》いたわけです。

苦行というのは、世界中のたいていの宗教にある普遍的な修行形態です。ですからだれにでもよく理解できます。ところが中道というのは初めての概念です。人類史上、空前絶後の考え方なのです。そういう概念は当時の人にはだれもわからない。いや現代でもほんとうに理解している人はいないと断言してもいいくらい、難しい概念です。その「中道」にお釈迦さまが気がつく。そして、「わたしは苦行をやめる」と言われたのです。

お釈迦さまはその段階で、出家ということに対して見切りをつけておられるのです。つまり、「中道」の概念を悟られたときに、同時に出家もよくない、と気づかれたのです。

出家は専門家養成のための道である

では、それにもかかわらず、お釈迦さまはなぜ大勢の弟子たちを出家させたのでしょうか。

わたしはこう考えています。

お釈迦さまは「中道」を歩むことによって、安らぎの境地に到達できました。これはお釈迦さまが天賦の才能に恵まれていたからこそ到達できたわけです。というより、お釈迦さまがもともとほとけさまであったからできたことですね。

ところがお釈迦さまはプロセスなしにポッと悟ってしまわれた。悟りに至る方法論がなかったのです。そのために、ほかの人たちは、なにをどうすれば悟りが開けるのかわからない。

しかしお釈迦さまは、悟りを開いた直後に「わたしの悟りは難解で、有象無象《うぞうむぞう》に説いてもわからないから、自分はそのまま入滅《にゅうめつ》する」と決意しておられます。

わたしもつねに経験することですが、体験したことを言葉で説明しようとすると、必ず誤解が生まれます。そして一度誤解が生じると、こんどはその誤解を解くために反論したり、反論に対する反論に再反論したりと、とても面倒なことになってしまいます。それならいっそう初めから説かなければいいと思うようになってしまうのです。お釈迦さまも、いくら説いても理解されることはないから、伝えないまま涅槃《ねはん》に入ろうと考えたのです。そこへ梵天《ぼんてん》がやってきて、どうしても説いてくれと言う。そこでお釈迦さまは説くことを決意されたのです。そして、そこはお釈迦さまの慈悲深いところなのですが、どうせ説くならみんなを悟りの境地に到達させようと考えられたのです。

わたしはそれを比喩的に、

「まだだれも登ったことのない高い高い山の頂上にみんなを立たせようという願いを持たれた」

と、言っているのですが、ではみんなを高い山に登らせるためにはどうすればいいのか。

「さあ、老いも若きもみんな登ろう」といっても、だれもがお釈迦さまのようにポッと高い山に登れるはずはありません。ましてや年老いた人が自力でそんな高い山に登れるわけもありません。

そこでお釈迦さまは、まず高い山に登る登山の専門家を養成しようと思われた。

その人たちが高い山の頂上に立つようになれば、そこから下を見下ろして、自分たちが登ってきた道はこの道だけれども、少し遠まわりすれば、もう少し楽に登れる道があるじゃないか、といろいろなルートが見つかるようになります。そしてその道をみんなで踏み固めていき、そのうち舗装道路にしてバスを通す。そうすれば、おばあちゃんでも山の頂上まで登ることができるようになります。

　そのためにまず、弟子たちを出家させたのです。

　ところが、その弟子たちが、「仏教はおれたちが悟りの境地を得るためにあるんだ、お釈迦さまは自分たちのために教えを説かれたんだ」と、お釈迦さまの願いをまったく誤解してしまったのです。そして出家者だけが山登りできるというシステムにし、それ以降、在家の人びとが山に登る道を閉ざしてしまいました。それが小乗仏教になったのです。

　小乗仏教のお坊さんは、悟りという山に登る専門家ですから、まず煩悩という世間への執着を捨てる必要があります。

　老病死という苦しみを克服するにはどうすればいいかといえば、執着を捨てることです。

――老いる苦しみ、病む苦しみ、死ぬ苦しみ、それには原因があるんだよ。その原因とは執着しているからなんだよ。その原因を断ち切ればその結果としての苦しみもなくなるんだよ――

お釈迦さまはそういうふうに説かれたわけですね。

病気の苦しみは健康に執着しているからおきるのです。その執着を断ち切ればいい。死の苦しみというのは生きていることに執着するからおきるのです。そういう煩悩を断ち切ればいい。

では執着を断ち切るためにはどうすればいいのか。

それが八正道《はっしょうどう》という道です。

正見《しょうけん》……正しいものの見方をしなさい
正思惟《しょうしゆい》……正しい思索をしなさい
正語《しょうご》……正しい言葉遣いをしなさい。嘘をついてはいけません
正業《しょうごう》……正しい行いをしなさい
正命《しょうみょう》……正しい日常生活をしなさい
正精進《しょうしょうじん》…正しい努力をしなさい
正念《しょうねん》……正しい注意力を持ちなさい
正定《しょうじょう》……正しい精神統一をしなさい

こういう八つの道を説かれたのです。

愛別離苦という、愛するものと別れる苦しみというのがあります。

愛というのは人に対する執着のかたちです。その最大のものが妻や子に対する愛ですね。すると家庭を持てば必ず家族を愛するという執着が生まれます。ですから出家をして家族を捨てれば、愛する人もいなくなり、愛別離苦がなくなるというわけです。

人に対する憎しみも同じことです。出家すれば利害関係がなくなり、憎しみも消えるのです。

お釈迦さまは弟子にそういう根本的な苦の滅尽《めつじん》を説かれたのですが、そのためには出家することが最低条件になります。

出家ではなく、出世間で悟りは開ける

ところが、出家者だけしか悟りを得ることができない小乗仏教を批判して生まれた大乗仏教は、まったく別な方法で悟りの境地を得ることができると考えました。出家しないでも悟りが開ける、と説いたのです。

それは「苦しみ」というものを問い直すことから始まっています。

老いる苦しみというけれども、老いるということはほんとうに苦しみなんだろうか。よく考えれば、赤ん坊にとって老いることはちっとも苦しみではありませんね。むし

ろ楽しみなことです。人は一日一日老いているわけですが、じゃあだれもがそのつど老いを苦しみと感じているでしょうか。老いが苦しみになるのは、歳をとってきてからのことですね。

また、病む苦しみといいますが、自覚症状のない病気だってあります。死の苦しみといいますが、これはだれも経験したことがありません。

では、なぜこれら老病死を苦しみというのでしょうか。

中国や日本で「苦しみ」と訳されている言葉のサンスクリット語やパーリ語の原義は「思うがままにならない」という意味です。

老いるというのは思うがままになりません。早く老いようと思っても無理ですし、老いるのをやめるわけにもいきません。病も思うがままにならないものです。死ももちろん思うがままになりませんね。

つまり、苦しみが生まれるのは「思うがままにならないもの」をわたしたちが「思うがままにしようとする」からで、わたしたちのこころが勝手に「苦」を作りだしているわけですね。だから「思うがままにしよう」とさえしなければ、「苦」は存在しないのです。

「思うがままにならないこと」を「思うがままにしよう」としなければ少しも苦しく

ない。だから「思うがままにならない」ことは「思うがままにしよう」と考えない、悩んでもどうしようもないことは悩まない。現実をあるがままに受け入れよう、そうすれば、「苦」なんてないのだよ。

大乗仏教はそう説いたのです。

小乗仏教の教えに「苦集滅道《くじゅうめつどう》」というのがあります。

まず「苦しみ」がある。

その「苦」の原因が「集」。「集」というのは執着のことです。

そしてこの「苦」の原因である執着をなくす「滅」。

そして「苦」を滅するための修行法である「八正道」。

前にも書いたように、この「八正道」を行うためには、出家しなければなりません。

ところが大乗仏教の基本経典である『般若心経』は、「無苦集滅道」というのです。

つまり、苦集滅道なんてないんだ、といっているわけです。

――おまえは、思いどおりにならないものを思いどおりにしようとして勝手に苦しい苦しいといっている。そしてその苦しみをなくそうといって、八正道なんていう修行法を説いている。けれども、もともと苦なんてないんだよ。だからそれをなくす必要もないし、そのための修行もする必要はないんだよ。そんなことは考えなくていいよ――

『般若心経』はそう言っているのです。

ということは「苦」から解放されるために出家する必要はありませんね。

わたしたちがしなければならないのは、出家ではなくて出世間です。

「そんなの、同じことじゃないか」

という人がいるかもしれませんが、いえいえ、まったく違います。

出家はこの世を捨てることですが、出世間というのは、その身は世間に置きながら、世間が持っている物差から自由になることです。

世間の物差から自由になる、というのは、なにも世間の物差を無視する、という意味ではありません。この世間に身を置く限り、世間の物差は必要です。ただし、その世間の物差に縛られずに、それがどんな物差であるのかを「あきらめ」て、それが「思うがままにならないもの」を「思うがままにしよう」という物差であれば、それを使わずに、もう一本の物差を使って自分の「いい加減」に生きよう、ということです。もう一本の物差というのは、ほとけさまの物差ですね。

だから、出家などする必要はありません。

世間の物差を捨てて出世間しなさい。自分の「いい加減」を見つけなさい。

『般若心経』はそう言っているのです。

Q　わたしたちも日常的に修行できるのですか？

一生かけて「空」の思想を体得する

わたしたちがいま住むこの世界を、仏教では娑婆《しゃば》と呼んでいます。

刑務所に入っていた人が、出所して最初に発する言葉が、「娑婆の空気はうまい」なのだそうですが、しかし、娑婆の空気はそんなにうまいはずはありません。

娑婆というのは、みんなが金持ちになりたいと願い、それをめざして「がんばる」ことが生きがいだと考えている世界です。では、みんなが金持ちになれるのかといえば、ノーです。みんなが金持ちになって遊び暮らすようになれば、働く人は一人もいなくなり、全員が金を持ったまま飢え死にしてしまうことになるのですから。

つまり、娑婆世界ではみんなが幸せになることができません。少数の金持ちが遊んで暮らすために多くの人が耐え忍ばなければならない世界です。

みんなが幸せになれる世界、仏教ではそれを仏国土と呼んでいます。仏国土に行くことを「彼岸《ひがん》に渡る」といいます。彼岸とは、娑婆世界の向こう側にある世界のことです。しかし『般若心経』は、どうすれば渡ることができるのか、ということを説いていません。まあ、それは仏教を学ぶものにとってはわかりきったことだったからです。それでは困る、とおっしゃる読者のためにほとけの智慧《ちえ》を得る方法を解説しましょう。

大乗仏教には六波羅蜜《ろくはらみつ》という、自分のうちにあるほとけのこころを磨くための修行法というのがあります。

それは布施《ふせ》波羅蜜、持戒《じかい》波羅蜜、忍辱《にんにく》波羅蜜、精進《しょうじん》波羅蜜、禅定《ぜんじょう》波羅蜜、智慧波羅蜜の六つの実践論です。

布施波羅蜜とは、自らが喜んで人に施しをすることです。

持戒波羅蜜とは、戒律を守れない自分の弱さを知ることです。

忍辱波羅蜜とは、お互いの迷惑を耐え忍び、赦《ゆる》すこころを持つことです。

精進波羅蜜とは、思うがままにならない努力はしないということに気づくことです。

禅定波羅蜜とは、ゆったりとした気持ちで精神の解放を味わうことです。

智慧波羅蜜とは、ものごとをあるがままに見る、ということころを持つことです。

わたしは、この六波羅蜜を車の両輪に喩えています。なぜなら、六波羅蜜の実践法には布施・持戒・精進・忍辱・禅定のグループと、智慧の二つのグループがあり、この二つのグループが相互に助けあいながら進んでいくからです。智慧がなければ布施もできないし、持戒もできないのですが、その智慧は、布施や持戒をすることによって高まっていく、という関係なのです。

この車が進んでいった先で得られるものが「般若《はんにゃ》」と名づけられている智慧です。

では六波羅蜜の智慧と、般若の智慧はどう違うのでしょうか。

六波羅蜜の智慧は、あらゆる人が持っている智慧です。しかしこの智慧はダイヤモンドの原石のようにまだ磨かれていない智慧です。その原石が磨かれて輝きだした状態を「般若」というのです。そして般若の智慧によって得られるのが「空《くう》」という思想なのです。

まあ、そういう構造だと思っていただきたい。

「空」という思想を、わたしは「ものにこだわるな」ともいうし、「レッテルを貼るな」ともいいますが、それはいきなり得られるわけではありません。あなたのこころの中にまだ眠っている原石の智慧をどんどん磨いていき、般若の智慧に高まって、はじめて得られるものです。その原石の智慧を、布施や持戒などの修行をすることで磨いていくわけです。

仏教の修行というのはそのように時間がかかるものです。わたしたちはこれを一生かけて磨いていくのです。

Q　席をなかなか譲ることができないのですが？

布施とは、自分を喜ばせるおこないである

布施というのは、施しのことです。でも、「おれはお前にこれこれのことをしてやっているんだぞ」という気持ちで人にものをあげたり、親切にすることではありません。それは布施ではありません。

「おれがおまえにめぐんでやっているんだ」というのは、商取引と変わりがない。いつか返してもらおうというこころがあるのです。

だれもがあるとき、ふとこういう気持ちを体験をしたことがあると思います。

「自分はなにか大きな力で世界の中で生かされているんだ」

「ああそうだ、いままではおれひとりの力で生きている気がしたけれども、そうじゃないんだ、いろんな人にお世話になっているな」

わたしたちのこころの中で眠っている智慧によって、そういうことに突然パアーッと気がつくことがあると思うのです。

　そこで「わたしたちは生かされているんだな、それじゃできるだけのことをさせてもらおう」、そう考える気持ちが布施になるわけです。

　満員電車の中でお年寄りに席を譲る、これは布施ですね。しかし年寄りがかわいそうだから席を譲る、そういう気持ちで譲っているのなら、譲らないでほしい。

「ばばあ、こんな混んだ電車に乗るじゃねえよ。おれのまえに立つなよ、しょうがねえな」

　それは布施ではありません。

　席を譲るんだったら、「座ってくれてありがとう」という気持ちで譲ってほしいのです。座ってもらうのが嬉しいから座ってもらうんだ、これが布施です。自分が嬉しくないんだったら譲らなくていいのです。

　ではどうすれば嬉しくなれるか。

それは席を譲ったときに、譲ったあなたが「お礼を言う」ことで嬉しくなります。

もちろん、席を譲ったときに「おばあさんありがとう」なんて言ったら、変な目で見られるでしょうから、こころの中でお礼を言ってください。でもほんとうに口に出して言えるようになったらすばらしいですね。

高校生に「布施というのはだれにでもできるんだからやってほしい」というとイヤーな顔をします。「わざわざ立たなければいけないのか」なんてね。

そこで、「立たなくても布施できるんだよ」と言うと、「えっ」という顔をします。

「あなた方がクラブ活動でクタクタになって、始発駅まで戻ってせっかく席を確保した。そんなときには、なかなか席を譲れないよね。でもね、そういうときでも布施はできるんだよ。それは立たなくてもいい。目の前のおばあちゃんに謝ればいい。おばあちゃん、ほんとうはおばあちゃんに座っていただきたいんです。でもきょうはクタクタなんです。だからわたしを座らせてください。そうこころの中で謝って座っている、それも布施なんだよ」

要は、そのこころが重要なのです。布施というのは相手を助ける行為ではありません。自分のこころのためにやっているのです。ですから布施というのは施さなくてもできるのですよ。

結果がなければよくなっていないじゃないか、というのは道徳的なものの見方です。

宗教では「していただいて嬉しい」というこころが大事なのです。ですから「座っていただいて嬉しい」というのは嬉しい自分の気持ちが布施ですし、「きょうは疲れているから許してください」というのは、その懺悔《さんげ》のこころが布施になるのです。

一方、譲られるほうにも布施のこころが大事です。せっかく譲られたのに、

「いえ、いいです、つぎで降りますから」

と言う人が多いのですが、これは布施のこころがわかっていないからです。

「ありがとうございます」

と言って座らせてもらえばいいのです。それがたとえ十秒でもいいのです。ところが、

「わたしはそんな年寄りではないんだから」

と、せっかく譲ってくれた席に座らない人がいます。それは自分の年齢にこだわっているからです。こだわりなく受けてほしい。そういうこだわりをなくすのが布施ですね。

では、譲る立場でもないし、譲られる立場でもない人、たとえば中年のサラリーマン、そういう人はどうするのが布施なのか。

目の前に老人が立つと一瞬譲ろうかなと思います。でも、となりに座っている大学生を見て、

「なんだ、こいつ若いのに、こいつが立つべきだ」

と考えたりする。そして結局譲らないままになってしまう。

「席を譲らないのはおれのせいじゃない、となりの若いやつがいけないんだ」

おそらくこころの中でそんな葛藤《かっとう》をしているのでしょうね。

でも人のことを考える必要はありません。考えるのは自分が譲るか譲らないか、それだけでいいのです。譲らないなら、

「ばあさん、すまんな、きょうはおれは疲れているんだから座らせてくれな」

とこころの中でわびて座っていればいい。すまんな、とおもうこころ、それが布施なのです。

ところが道徳家は、「席を譲らないのは悪い」と批難します。

なぜかというと、道徳というのは結果第一主義だからです。

こころの中でどんなことを思っていようと、席を譲った子はいい子、席を譲らなかった子は悪い子、と判定するのです。そういう善人ぶった考え方がいちばん始末に困るのですが、そんな批判は気にしなくてもかまいません。

布施は道徳ではないのです。おばあちゃんにこころの中でおわびしながら座っている、それも布施なのです。

心配を布施する

わたしたちが、生きているあいだにできる布施に「和顔愛語《わげんあいご》」というのがあります。

わたしはこの言葉が一番好きですが、にこやかな顔、柔和な顔、そして優しい言葉。これをわたしは笑顔の布施、言葉の布施といっているのです。ぶっちょうづらをしているとまわりが暗くなります。まわりを明るくする布施、それが笑顔の布施ですね。

病気になった、みんな病人はつらい。でもニコニコ笑っていれば、看護する人も楽になりますね。病人でもできる布施ですね。

生まれてきた赤ん坊は、人に布施する財産はなにもない。

「でもおまえは笑顔の布施はできるんだよ」

と、笑顔を授けられたのです。赤ん坊にもそういう布施ができるのです。

わたしの娘が、大学生のときにオートバイに乗りたいと言いだしました。最初はわたしも止めようと思ったのです。わたしの母親に言うと「娘をオートバイに乗せる親の顔が見たい。顔にけがしたらどうするんだ、嫁にいけなくなったらどうするんだ」と怒られました。

娘に「乗っちゃいけない」と言おうかなと思ったときに、ふと考えたのです。

「わたしも大学生のころ、滅茶滅茶な生活して、若気の至りでいろんなことをやって、親に心配をかけたんだ。自分が親に心配かけておいて、今度は自分が親になったら子どもから心配かけられたくないというのは、ちょっと虫がよすぎるな」

そう考え直したのです。そして娘にこう頼んだのです。

「お父さん、最初はやめなさいと言おうと思っていたけれど、考えてみたら親が子どもにすることは忠告することじゃないと思ったんだ。お父さんはおまえを心配するという布施をさせていただくよ。だから、お父さんが心配しているんだという荷物をオートバイの横にちょっと乗っけて走ってくれな」

子どもは子どもの人生を生きるのです。他人は他人の人生を生きるのです。

いまの親たちはそれを忘れているのです。

「勉強ができなければ、将来困るじゃないか」

いいえ、そんな心配をする必要はありません。のたうちまわって頭をぶつけ、傷ついて、またのたうちまわる、それでいいんです。そのかわり親は子どものことをジッと心配する。それが親の仕事です。

親が安全構想をはりめぐらせたら、子どもが自分の人生を生きるということになりません。それは親の物差なのです。そこには、子どもをペットにしているか、愛情のようにみせかけた打算があるのです。そんなのは親の仕事ではありません。

わたしはそれに気がついて、

「お父さんができることは心配することだけなんだ。心配を布施させてもらうよ。だから、布施の重みを乗っけてくれよ」

そう言ったのです。もし子どもに万が一のことがあったとき、一緒に泣いてやればいいんです。悲しいときには共に泣くのです。それが親の仕事なんですね。一緒にのたうちまわることができたとき、それが親の愛情だと思うのです。

あるとき、娘が朝の五時ごろからツーリングに行くというのです。でも台風が来ている。

それで、前の晩から、あすの朝は「せめてきょうだけは行くな」と止めよう、と考えました。

でも翌朝になって「かっこいいこと言ったんだから止められないな」と考え直したのです。

娘は勇ましい格好をして出て行きました。「気をつけて行きな」と送りだし、しょうがないな、心配だけでもしようと思っていました。でも寝ちゃったんですが……。するとが八時ごろ戻ってきたのです。「どうしたの」と聞いたら、

「お父さんが心配しているのわかっていたから、きょうは参加しない、と集合場所まで言いに行っただけ」

と言うのです。娘もわたしに布施してくれたのですね。

お互いに布施をする。これが仏教者の生き方ですね。これが智慧ですね。

誤解のないように言っておきますが、普段はこうじゃありませんよ、しょっちゅう親子喧嘩をやっているのです。

死は、人生最大の布施である

わたしは人の人生というのを「人生老死号」の乗客だと喩えています。

この列車は老いと死に向かってまっしぐらに進んでいる列車です。絶対に後戻りしない列車です。「ちょっと高い運賃払うから、後戻りしてくれ」ということは絶対きかない。そういう列車の乗客です。

この列車は各駅停車で、各駅に停まるたびに新しい乗客を乗せて走ります。列車に

は終着駅がなく、どこまでもどこまでも走り続けています。もちろんグリーン車もあれば、指定席もあるし、自由席もある。禁煙車もあれば、喫煙車もある。満員の車両もあれば、空いている車両もある。中には立ったままの乗客もいる。わたしたちはそういう列車で旅をしているわけです。

ではわたしたちはどこで降りるのか？

それは静かに耳を傾けているとやがてわかります。ほとけさまの声が聞こえてくるのです。

「おまえ、つぎの駅で降りなさい」

そのときにまわりの人びとに、

「みなさまと一緒に楽しい旅を続けさせていただきました。わたしはほとけさまにつぎの駅で降りるよう言われたので、降りさせていただきます。残られたみなさま、どうぞ快適な旅をお続けください」

と言って降りるのが布施なのです。

すると空いた席にだれかが座れます。

「いや、わたしは立ったまま旅を続けてきた乗客なんだ、わたしが降りてもだれも座れない」

と言う人がいらっしゃるかもしれません。

でもわたしは、自分が座っているときに感じるのですが、自分の前に立っている人がいると、疲れるのです。だから満員電車で一人でも降りるとその分ほっとします。つまり降りるだけでみんなに布施しているのです。

わたしたちは、魚やら鶏やら豚やら牛やら、みんなのいのちの布施を受けて生かされています。ですから、わたしたちもみんなに自分のいのちの布施をする。「どうぞ」と言って他人に席を譲り渡す。そういう死が布施なんだ、そう思っていただきたいのです。

この世は布施の世界である、そう見るのが智慧なのです。そしてその智慧が、布施することによって、どんどん磨かれていくと、般若の智慧になるのです。

Q　迷惑をかけないことが、人の道だと教えられてきたのですが？

自分の弱さを知る

仏教には基本的なものとして五つの戒律があります。

不殺生戒《ふせっしょうかい》……あらゆる生き物のいのちを奪わない
不妄語戒《ふもうごかい》……嘘をつかない
不偸盗戒《ふちゅうとうかい》……盗みをしない
不邪淫戒《ふじゃいんかい》……淫らなセックスをしない
不飲酒戒《ふおんじゅかい》……酒をのまない

この戒を守ることが「持戒《じかい》」ですが、じつは仏教の戒律というのは守れないのです。

不殺生戒というのは生き物のいのちを奪ってはならないという戒ですが、わたしたちは食べることで生き物のいのちを奪っているわけですから、こんな戒は守れっこありません。

「でもわたしはいのちは奪っていません、あれは魚屋が殺したんですから」

それはヤクザの親分の論理と同じです。自分が食べるから魚は殺されたんであって、それは自分が殺したのと同じです。小乗仏教のお坊さんだって、自分では不殺生戒を守っていますが、お布施として出されたものは食べなければなりませんから、戒を守っているとはいえません。

その他の戒も、守って守れないことはないでしょうが、その戒にこだわらない限り守ることは難しいものですね。嘘もついついてしまいますし、酒も飲んでしまいます。

わたしたちには五戒を守れっこないのです。

ではなぜこんな守れもしない戒をほとけさまはわざわざ作ったのでしょうか。
それは、その戒律を守れない自分の弱さを知るためにあるんだ、と考えてください。

――わたしはこんなに戒を破っています。わたしは弱い人間です――

そういう自分の弱さを知るということが持戒なのです。自分の弱さを知ることで、同時に他人の弱さも知るわけですね。むしろ他人の破戒も許すことが持戒の根本的な意味なのです。

生きている限り、人は迷惑をかけている

世間では「他人に迷惑をかけてはいけません」と教えます。しかしこれは大間違いです。

わたしたちは、みんな、他人に迷惑をかけています。人に迷惑をかけずに生きていくことはできないのです。

わたしが夕食で魚を一匹食べるとすると、だれかがその魚を食べることができません。わたしが大学に入れれば、だれかひとり落ちているわけですね。わたしが会社に入れば、だれかひとり入れなかった人がいるのです。「わたしはアルバイトだからいいんです」なんて言う人がいるかもしれませんが、その人がある職業につけば、だれかその職業につけなかった人がいるのです。

人間が生きるというのは、満員電車に乗っているようなものです。電車が動くとぎゅうぎゅう押されます。だれかに足を踏まれるかもしれません。ちょっとした肩のふれあいや髪の毛に息がかかっただけでもいやな気持ちになるものです。

「おまえら、なんでこんな満員電車に乗っているんだ、みんな早く降りろ」とこころの中で考えています。「みんなが自分に迷惑をかけている」と思っているのです。

でも、考えてみてください。ほかの人も同じことを考えているのです。自分が人の足を踏むかもしれません。自分の息がとなりの人にかかるかもしれません。自分の鞄《かばん》が人の足に当たって痛い思いをさせているかもしれません。そんな中で、みんなが耐えているのです。

わたしたちは人生という満員電車で、いつも、他人に迷惑をかけて生きているのです。「他人に迷惑をかけるな」と言われてもできっこないのです。そして迷惑をかけたことを他人から赦《ゆる》されて生きています。

だから、「他人に迷惑をかけないよう」と教えるのではなく、「わたしたちはいつも他人に迷惑をかけている」と教えなければなりません。そして、「お互いにみんなその迷惑を赦《ゆる》しあって生きているんだよ」と教えなければなりません。このお互いに赦しあうこころが「忍辱《にんにく》」です。

ところが、お互いに迷惑をかけあっているなかで、「人に迷惑をかけるな」と言われると、迷惑の量を比較するようになります。

「わたしはそんなに迷惑をかけていない、でもあの人はいっぱい迷惑をかけているじゃないか。だからあの人が悪い」

「殺人犯人とわたしでは迷惑のかけ方が違う、殺人犯は世の中にものすごく迷惑をかけているけれども、わたしはそんなにかけていない。同じ迷惑をかけているなんてとんでもない」

これはケーキの大きさをめぐっておこる兄弟喧嘩のようなものです。「おまえのほうが大きい」「お兄ちゃんのほうが大きい」と損得の物差で迷惑を測っているのです。

ところがそういう道徳を振りまわす道徳家は、その損得の物差そのものが人に迷惑をかけていることに気づこうとしません。

人の迷惑を耐え忍ぶ、というのは、人の弱さを赦すということです。自分は人に迷惑をかけている弱い人間なのだ、わたしはその弱さを赦してもらっている、だから人の弱さも赦していく。そのこころのありようを「忍辱」といっているのです。

でも、これはいきなりは無理ですよね。世間の物差に振りまわされている限り、どうしてもあの人とは迷惑の度合いが違うと見てしまいます。そのことに気づいていくのが智慧です。それがどんどん磨かれて般若になって、みんなを赦せるようになるのです。

Q　がんばることは、人間にとって大切なことだと思うのですが？

精進とは、がんばらないことである

わたしは講演でも執筆でもつねに「がんばるな」と言います。すると、仏教にも「精進」という努力を勧める教えがあるじゃないか、と言われます。

「精進」というのは努力しろということですが、これはなんでもいいから努力しろといっているのではありません。正しい精進をしろ、正しい努力をしろと言っているのです。正しい努力とは、努力はするにせよ、ほとけの智慧でもって努力をしようということなのです。

ところが世間の物差でいわれる努力というのは、「がんばる」努力のことです。

辞書を引くと、「がんばる」というのは、我をはる、場を占めて動こうとしない、苦しさにまけず努力する、という意味です。我をはる、場を占めて動かない、というのは、執着することですね。仏教はそんな執着を捨てろ、といっているのです。もうひとつの「苦しさにまけず努力する」というのは日本人が大好きながんばり方です。

しかし、なぜ苦しいのかというと、「思うがままにならないもの」を「思うがままにしようとする」ためですから、その苦しさを越えてする努力は、ますます、「思うがままにならないもの」を「思うがままにしよう」とする苦にほかなりません。

そんな努力は人を不幸にする努力であることはこれまで述べてきたとおりです。

つまり精進とは、そんな世間の物差に振りまわされた努力をするな、ということなのです。

「いや、わたしは病気を治そうとするために努力している。それがなぜ不幸な努力なのか」

そういう人もおられるでしょう。でも、その努力は実ればいいのですが、努力することによってますます苦しくなっていくことが多いのです。

だから努力することがはたして「思うがままになること」なのか「思うがままにならない」ことなのか、まず「あきらめ」る必要があるのです。そして、その努力が「思うがままにならない」のであれば、そんな努力はしない。それが精進です。それがわかってくるのが智慧ですね。

かといって怠け者のすすめをしているわけではありません。怠けなさいといっているわけでもありません。もちろん怠けることが性にあっている人は怠ければいいわけですが……。

むかし祖母から、牛若丸と弁慶の話を聞いたことがあります。

――牛若丸と弁慶が翌日までに大量の糊《のり》が必要になって、糊を作ろうとした。むかしの糊は米粒をへらでこねて作りますね。そこで牛若丸は小さなへらでご飯粒を潰して、糊を作り始めた。それを見ていた弁慶が、「なにを悠長なことをしている、そんなことしていたらあすまでに間に合わないじゃないか」と言って、大きな鉄の鉢を出してきて、その中に大量のご飯を入れて、大きな鉄の棒でえいやとこねてみた。でもやっぱりできなかった――

祖母はそういう話をして、「慌てたらあかんで」と言ったのです。

あすまでに大量の糊が必要だ。でもそんなことをやっていればできっこない。そういう場合にわたしたちは、たいてい弁慶のようにがんばろうとします。でもそんな努力をしてできるでしょうか。大きな鉄の鉢にご飯を入れて大きな鉄の棒でかき混ぜて力んでやってみても、すぐバテてしまいます。そのうえ糊はできっこないですね。結局はご飯粒が全部無駄になるだけです。そんな努力はやめなさいというのが「精進」

なのです。

　ところが、この話をすると、

「確かに弁慶は失敗した、でも牛若丸は成功したんだ」

という答えが返ってきます。こつこつと努力した牛若丸は成功したかのように思うのです。

　でも違うと思います。牛若丸も失敗しているのです。大量の糊が必要なのに、そんなちょこちょこ作っていてもできっこないじゃありませんか。むかし噺の悪いところで、この話では牛若丸をほめているような感じがありますが、わたしはそうじゃないと思うのです。

　ただ、どちらも失敗したけれど、どちらが「とく」か、というと牛若丸だと思います。

「とく」といっても損得の得ではなく、仏教的な徳のことです。

　なぜなら、弁慶は糊を作っているあいだ、「これじゃあ間に合わない」「こうしなけりゃダメだ、こうやれ」とプリプリイライラしています。何時間努力を続けたかわかりませんが、そのイライラだけよけいです。牛若丸はそのあいだマイペースでした。

　どうせ同じできないということであれば、作っているあいだは牛若丸のほうが楽しかったのじゃないでしょうか。

もし楽しくできないで、これじゃあダメだ、間に合わない、と思いながらやったのなら、それは無駄な努力というものです。やめたほうがいい。「やれと言うならお前がやれよ」と言って、のほほんとしているのが「精進」です。

でも、わたしはだめですね。のほほんとしようと思ってもできっこない。どうせダメだとわかっていてもやってしまう性分です。まあそれなら、間に合わせようということを忘れて楽しんでやればいいのです。

わたしが小学生のときに、練習帳に漢字をできるだけ多く書いてきなさいという宿題がありました。わたしは数が多いほうがいいと思って何ページも一生懸命書いたのです。そのころわたしのライバルに山口君という子がいたのですが、翌日学校に行ったら、その子はあまり書いていない。ところが山口君の練習帳を見た先生が、「山口、立派だ、よくやった」と言うのです。そしてわたしの練習帳を見て、「おまえのほうが量は多いけれど、こんななぐり書きじゃ意味がないじゃないか。山口はこんなにていねいに書いている。山口をよく見習え」と怒られたのです。

わたしはそのとき「それならそうと数多く書けと言うな、きれいに書けと言えばいいじゃないか」と先生を恨みましたが、あとになって、自分が数多くやることにこだわってちっとも楽しく書いていなかった、ということに気がつきました。

「なるほど、たしかに字の数は少なかったけれど、かれは楽しんで字を書いている。かれのほうが立派だなあ」

とわかったのです。

Q　禅というのは精神を集中させることではないのですか？

精神をリラックスさせる

よく日本人は猿の文化で、欧米人はライオンの文化だといわれます。

猿というのは雑食ですが、たいていは植物食で、木の葉っぱなどを食べています。ところが木の葉っぱは食物としてのエネルギー効率が低い。ですから四六時中食べていないといけないのです。ところがライオンは、一度カモシカを襲って食べれば、二、三日ボケーとしています。

「禅定《ぜんじょう》」というのは、このライオンのような生き方を学ぶということだと思うのです。ゆったりとした遊びの心境で精神解放を味わいなさいという意味なのです。

ものの本で読んだことですが、フランスのパリなどではカフェテラスでお客さんが何時間もボケーとして道ばたを眺めています。ああいう楽しみですね。

インドでは「禅定」のことをヨーガといいます。ヨーガはもともと、暑い中で釈迦《しゃか》力《りき》になるとよけい暑くなりますから、ボケーとする技術が発達したものです。本来の禅はそういうものなのです。無念無想、つまりなんにも考えない。

ところが、禅のお坊さんは理論的にはそういうことをすべて知っているのに、「精神一到、なにごとかならん」なんていって精神集中を教えるのです。だから「禅定」を精神集中と考える人が多いのですが、精神を集中してがむしゃらになにかをやっていくのは、執着なのですよ。

もっともそういうわたし自身も、精神を解放することができません。ボケーとしていろと言われると、それは苦行です。ですからこの禅定というのはわたしには一番大事な修行なのです。

でも、あまりボケーとしている人には、精神集中しろ、ということも「禅定」にはあるのです。

ものごとをありのままに見よう

わたしの友人に知恵遅れの子どもを授かっている人がいます。いまは知的障害児という言葉を使うのですが、ここでは親が言いたいことを伝えるためにあえて知恵遅れという言葉を使います。

その子は三人兄弟のまん中の子で、お兄ちゃんと妹がいます。その子は、お兄ちゃんと妹が外で遊んでいるときにおやつをあげても絶対に食べようとしません。三人そろうまで必ず待っているというのです。三人そろうと喜んで食べるのです。

あるとき、三人兄弟に二つしかケーキがありませんでした。で、母親はどうしてもその子をえこひいきするもので、その子にケーキを一つあげて、お兄ちゃんと妹には半分ずつ食べさせようとしました。

ところがその子はケーキを食べようとしません。ものを言えない子だから、なぜだかわからなかったのですが、しばらくして母親がハッと気がついて、その子のケーキを半分にして残りの半分を母親が食べました。するとその子は喜んでケーキを食べ始めたというのです。

「世間の人はうちの子のことを知恵遅れだというけれど、それは違う。なるほどこの子には損得の知恵はあまり発達していない。お兄ちゃんのケーキのほうが大きい、というような知恵は発達していないけれど、お兄ちゃんや妹が半分しか食べられないときに、自分一人が一個まるまる食べてはいけないぞ、という智慧は持っている。それはほとけさまの智慧なんだ。だからこの子は知恵遅れじゃない。遅れているのは知識だけなんだ、呼ぶのであれば知識遅れと言ってもらいたい」

その子の両親はそう言います。

お兄ちゃんや妹が半分しか食べられないときに、自分だけがまるまる一個食べてはいけない、というのはほとけさまの智慧です。この智慧はだれもが持っているのですが、眠っているのです。その眠っている智慧をこの子のように呼びおこす修行が智慧《ちえ》波羅蜜《はらみつ》なのです。

わたしたちは普段、損得の知恵でものを考えています。損得の知恵は世間の物差の知恵です。大人は子どもにこの損得の物差を覚えさせようとします。そしてそれが教育だと考えています。

でも子どもは、ほんとうはそういう世間の物差を嫌っているのです。いまのあるがままの自分を楽しみたいと考えているのです。それが子どものこころです。ほとけさまの智慧なのです。

智慧波羅蜜とは、ものごとをあるがままに見る、というこころを持つことなのです。

一歩前進二歩後退　そのプロセスを楽しもう

六波羅蜜の修行は、言葉でいえば簡単に聞こえますが、じつはそう簡単なものではありません。少しずつ、少しずつ修行しながら智慧を得ることができるものです。ある瞬間わかったような気持ちになることはあるのですが、ほかの場面に遭遇するとすぐわからなくなってしまうものです。そういう積み重ねをしながら、少しずつ少しずつ般若の境地を得ることができます。

ですから、ほとけになれないかもしれません。でも、ほとけになれなくても、ほとけになろうとする境地を楽しんでいけばいい。ほとけになることを目標にすると、ほとけになるという目標がこだわりになってしまいます。ほとけになろうとするプロセスを楽しめばいいのです。

わたしはそのプロセスを「一歩前進二歩後退」と言っています。前に進むことが大事なのではありません。そのときに一歩前進すればつぎの瞬間には二歩後退していてもいいのです。結果的に落ちていてもまた一歩前進すればいい。それが仏教精神です。六波羅蜜とはそういう修行です。

あせらず、さわがず、すこしずつ。一生をかけてのほほんのほほんとやっていきましょう。

終章　仏教はバスの時刻表である

仏教は「彼岸《ひがん》に渡れ」ということを説いています。娑婆世界のこちら岸（此岸《しがん》）から、仏国土がある大きな川の対岸（彼岸）へ渡ろう、というのが、仏教の呼びかけです。

此岸というのはサンスクリット語でサハーといいます。サハーというのは耐え忍ぶという意味です。だから此岸のことを、耐え忍ぶ世界という意味で、忍土ともいいます。このサハーが音訳されて、漢字を当てたのが娑婆です。

その娑婆の先に大きな河があって、その河の向こう岸に彼岸がある。彼岸のことはサンスクリット語でパーラムといいます。そして渡るというのがイター。パーラム＋イターが結合してパーラミターとなり漢字に音訳されたのが波羅蜜多《はらみた》です。また般若というのは、パーリ語で智慧を意味するパンニャーの音訳ですから、『般若心経』の正式名称である『般若波羅蜜多心経』とは、まさに「智慧でもって彼岸に渡ることを教えた、その中心のお経」という意味なのです。

あるとき大阪の街のバスの停留所で、一人のおじいちゃんが、持っていた傘の先で時刻表をつつきながら、

「このバス遅れとる、もう十五分も遅れとる、このバスは一度も時刻表どおりきたことがない。こんなに遅れるんだったら時刻表なんかいらない」

と怒っていました。

すると横にいたつれあいのおばあさんがこう言ったのです。

「でもねおじいさん、その時刻表がないとどのぐらい遅れているかわかりませんよ」

わたしはそれをとてもおもしろいジョークだと思いました。

大都会のバスは時刻表どおり走れっこありません。

でも、時刻表はいらないかというと、そうではありませんね。

わたしは、仏教の教えというのはまさにこの時刻表だと思うのです。

仏教の教えを、実際にはそのとおり生きるというのはなかなか難しいことです。

バスが時刻表どおり走ろうとしたら、何人もの人をひき殺さなければならないように、この娑婆世界そのものが世間の物差で覆い尽くされ、わたしたち自身が世間の奴隷となって競争に追い立てられています。なかなか自分の「いい加減」には生きられ

ない状態です。

そんな娑婆世界にいながらにして仏教が説くように生きることは難しいことです。

じゃあ時刻表はいらないかというと、そうではありませんね。その時刻表があるからこそ、わたしたち自身が、自分の日々の遅れというものを確認することができるのです。

わたしたち日本人は、日々営々と努力しています。

金儲けに走る人、出世をめざす人、休日出勤や単身赴任してまで会社人間として走りまわっている人。この社会が最良の社会であると信じて疑わず、その中で自分の幸せがあると考えている日本人は、ほんとうにみんな疲れ切っているのです。

そういう生き方はおかしいんだ、ということに気がついてほしい。早くほんとうの生き方を見つけてほしい。自分の中のほとけさまを少しずつでもいいから磨いていってほしい。

そしてそれに気づかせてくれるのが、『般若心経』であり、気づいたわたしたちを導いてくれるのが仏教という時刻表なのです。

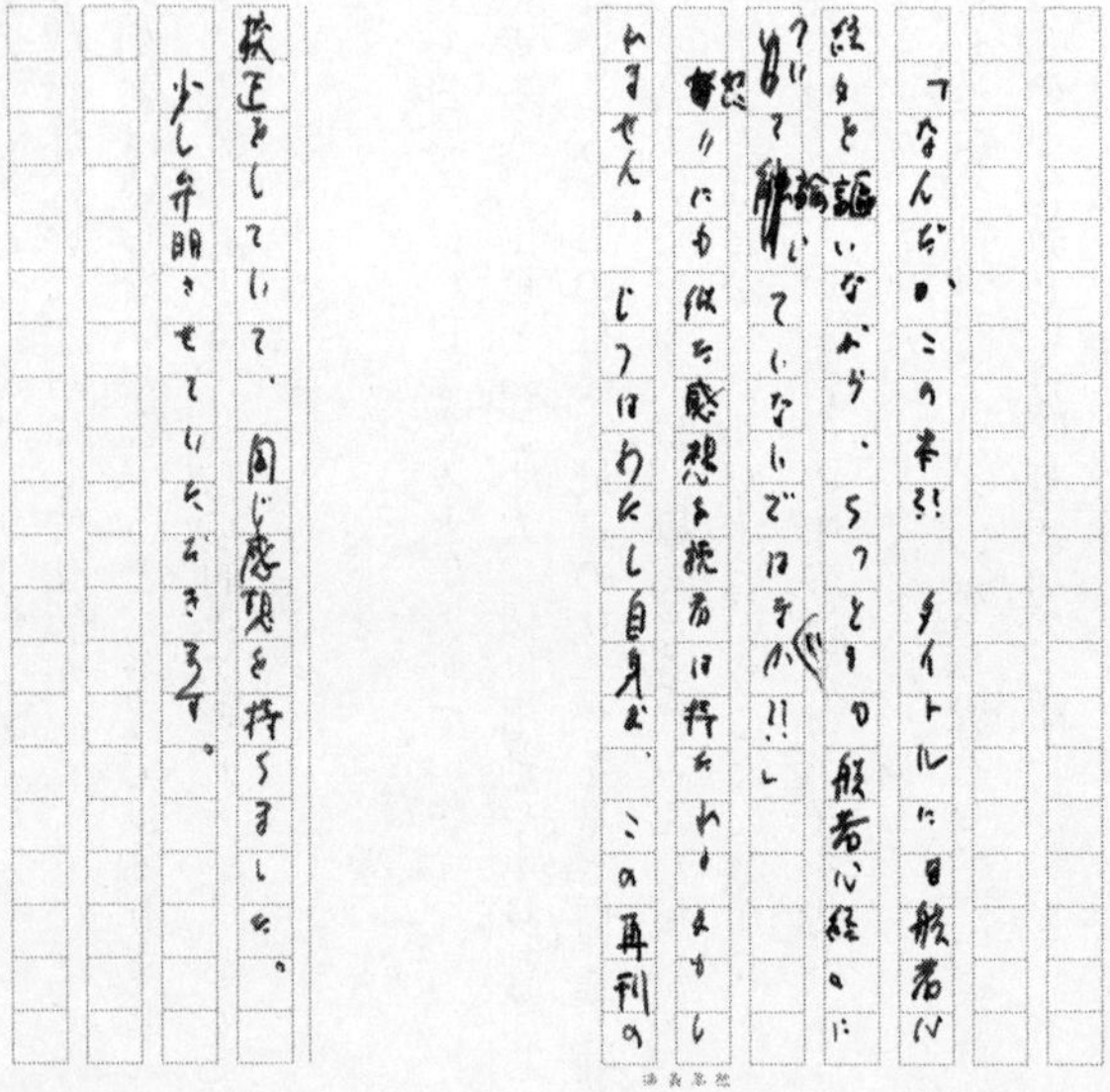
「なんだ、この本!? タイトルに『般若心経』と謳いながら、ひとつも般若心経の経文について論じていないではないか!!」
お叱りにも似た感想を読者は持たれるかもしれません。じつはわたし自身が、この再刊の
校正をしていて、同じ感想を持ちました。
少し弁明させていただきます。

本書は2000年６月に世界文化社から刊行された、ひろさちや『生まれ変わる――般若心経のこころ』を改題のうえ文庫化した。
ひろさちやさんは2022年４月、本書の文庫版あとがき執筆中に逝去されました。謹んでご冥福をお祈りいたします。　（編集部）

中公文庫

般若心経《はんにゃしんぎょう》

──生《う》まれ変《か》わる

2022年6月25日　初版発行

著　者　ひろさちや

発行者　松田陽三

発行所　中央公論新社
〒100-8152　東京都千代田区大手町1-7-1
電話　販売 03-5299-1730　編集 03-5299-1890
URL https://www.chuko.co.jp/

ＤＴＰ　嵐下英治
印　刷　三晃印刷
製　本　小泉製本

Published by CHUOKORON-SHINSHA, INC.
Printed in Japan　ISBN978-4-12-207221-3 C1115

S-18-6
大乗仏典6 浄土三部経
山口益／桜部建／森三樹三郎 訳
阿弥陀仏の功徳・利益を説き、疑いを離れることで西方極楽浄土に生まれ変わるという思想により、迷いと苦悩の中にある大衆の心を支えてきた三部経。
203993-3

S-18-7
大乗仏典7 維摩《ゆいま》経・首楞厳三昧《しゅりょうごんざんまい》経
長尾雅人／丹治昭義 訳
俗人維摩居士の機知とアイロニーに満ちた教えで、空の思想を展開する維摩経。「英雄的な行進の三昧」こそ求道のための源泉力であると説く首楞厳経。
204078-6

S-18-8
大乗仏典8 十地経
荒牧典俊 訳
「菩薩道の現象学」と呼び得る本経は、菩薩のあり方やその修行の階位を十種に分けて解き明かし、大乗仏教の哲学思想の展開過程における中核である。
204222-3

S-18-9
大乗仏典9 宝積部経典
迦葉品／護国尊者所問経／郁伽長者所問経
長尾雅人／桜部建 訳
「世界の真実を見よ」という釈尊の説いた中道思想を易しく解説し、美しい言葉と巧みな比喩によって「心とは何か」を考察する「迦葉品」。
204268-1

S-18-10
大乗仏典10 三昧王経Ⅰ
田村智淳 訳
本経は、最高の境地である「空」以上に現実世界での行為に多くの関心をよせる。格調高い詩句と比喩を駆使して、哲学よりも実践を力説する物語前半部。
204308-4

S-18-11
大乗仏典11 三昧王経Ⅱ
田村智淳／一郷正道 訳
真理は、修行によってのみ体験しうる沈黙の世界である。まさに「三昧の王」の名にふさわしく、釈尊のことばよりも実践を強調してやまない物語後半部。
204320-6

S-18-12
大乗仏典12 如来蔵系経典
髙﨑直道 訳
衆生はすべて如来の胎児なりと宣言した如来蔵経、大乗仏教の在家主義を示す勝鬘経など実践の主体である心を考察する深遠な如来思想を解き明かす五経典。
204358-9

S-18-13
大乗仏典13 ブッダ・チャリタ（仏陀の生涯）
原実 訳
世の無常を悟った王子シッダルタを出家させまいと誘惑する女性の大胆かつ繊細な描写を交え、人間仏陀の生涯を佳麗に描きあげた仏伝中白眉の詩文学。
204410-4

各書目の下段の数字はISBNコードです。978－4－12が省略してあります。

S-18-14 大乗仏典14 龍樹論集　梶山雄一・瓜生津隆真 訳

人類の生んだ最高の哲学者の一人龍樹は、言葉と思惟を離れ、有と無の区別を超えた真実、「空」の世界へ帰ることを論じた。主著『中論』以外の八篇を収録。

204437-1

S-18-15 大乗仏典15 世親論集　長尾雅人・梶山雄一・荒牧典俊 訳

現象世界は心の表層に過ぎない。それゆえ、あらゆるものは空であるが、なおそこに「余れるもの」が基体としてあると説く世親の唯識論四篇を収める。

204480-7

せ-1-6 寂聴 般若心経 生きるとは　瀬戸内寂聴

仏の教えを二六六文字に凝縮した「般若心経」の神髄を自らの半生と重ね合せて説き明かし、生きてゆく心の拠り所をやさしく語りかける、最良の仏教入門。

201843-3

せ-1-8 寂聴 観音経 愛とは　瀬戸内寂聴

日本人の心に深く親しまれている観音さま。人生の悩みと苦難を全て救って下さると説く観音経を、自らの人生体験に重ねた易しい語りかけで解説する。

202084-9

ま-9-5 理趣経　松長有慶

セックスの本質である生命力を人類への奉仕に振り向け、無我の境地に立てば、欲望は浄化され清浄となる。明快な真言密教入門の書。〈解説〉平川 彰

204074-8

ま-9-6 密教とはなにか 宇宙と人間　松長有慶

密教学界の最高権威が、インド密教から曼荼羅への展開、真言密教の原理、弘法大師の知恵、密教神話から密教の発展、思想と実践についてやさしく説き明かす。

206859-9

み-10-25 「般若心経」を読む　水上 勉

幼少時代の誦読と棚経を回顧、一休和尚や正眼国師（盤珪禅師）の訳や解釈を学び直し、原点から人間の性を見つめ直す水上版「色即是空」。〈解説〉高橋孝次

206886-5

み-10-20 沢庵　水上 勉

江戸初期臨済宗の傑僧、沢庵。『東海和尚紀年録』などの資料を克明にたどりつつ、権力と仏法のはざまで生きた七十三年を描く。〈解説〉祖田浩一

202793-0

み-10-21
一休 水上 勉
権力に抗し、教団を捨て、地獄の地平で痛憤の詩をうたい、盲目の森女との愛に惑溺した伝説の人一休の生涯を追跡する。谷崎賞受賞。〈解説〉中野孝次
202853-1

み-10-22
良寛 水上 勉
寺僧の堕落を痛罵し破庵に独り乞食の生涯を果てた大愚良寛。真の宗教家の実像をすさまじい気魄で描き尽くした、水上文学の真髄。〈解説〉篠田一士
202890-6

み-10-23
禅とは何か それは達磨から始まった 水上 勉
栄西、道元、大燈、関山、一休、正三、沢庵、桃水、白隠、盤珪、良寛の生涯と思想。達磨に始まり日本で独自に発展した歴史を総覧できる名著を初文庫化。
206675-5

み-10-24
文壇放浪 水上 勉
編集者として出版社を渡り歩き直木賞作家に。波乱に富んだ六十年を振り返り、様々な作家を回想、戦中・戦後の出版界が生き生きと描かれる。〈解説〉大木志門
206816-2

み-10-26
わが文学 わが作法 文学修行三十年 水上 勉
『雁の寺』『寺泊』など作品の背景をエピソードを交えて、書くことの方法と身を削る「業」の厳しさを明かす。文学作法を自ら語るファン必携の一冊。〈解説〉掛野剛史
207035-6

た-91-1
俳句の五十年 高浜虚子
子規との出逢い、漱石との思い出、のちに俳風をめぐり対立した畏友、碧梧桐への敬愛。迷走と模索をし続けた日々を振り返る。〈解説〉岸本尚毅
206626-7

た-91-2
芭蕉 高浜虚子
近代俳句の巨匠虚子が近世の巨人芭蕉を論じる。芭蕉の句を談林風、主観句、客観句の三種類に分け、作風の変化を分析、さらに門人を評釈。〈解説〉岸本尚毅
206898-8

な-52-4
文豪と酒 酒をめぐる珠玉の作品集 長山靖生編
漱石、鷗外、荷風、安吾、太宰、谷崎ら16人の作家と白秋、中也、朔太郎ら9人の詩人の作品を厳選。酒に託された憧憬や哀愁がときめく魅惑のアンソロジー。
206575-8

各書目の下段の数字はISBNコードです。978-4-12が省略してあります。

な-52-5
文豪と東京 明治・大正・昭和の帝都を映す作品集
長山靖生編
繁栄か退廃か？ 栄達か挫折か？ 漱石、鷗外、鏡花、荷風、芥川、谷崎、乱歩、太宰などが描いた珠玉の作品を通して移り変わる首都の多面的な魅力を俯瞰。
206660-1

な-52-6
文豪と食 食べ物にまつわる珠玉の作品集
長山靖生編
子規が柿を食した時に聞こえたのは東大寺の鐘だった？ 潔癖症の鏡花は豆腐を豆府に！ 漱石、露伴、荷風、谷崎、芥川、久作、太宰など食道楽に収まらぬ偏愛的味覚。
206791-2

な-52-7
文豪と女 憧憬・嫉妬・熱情が渦巻く短編集
長山靖生編
無垢な少女から妖艶な熟女まで。鷗外、花袋、荷風、漱石、谷崎、安吾、太宰らが憧れ翻弄された女性を描く。主人公の生きざまから近代日本の「女の一生」がみえる。
206935-0

た-87-1
忘れ得ぬ人々と谷崎潤一郎
辰野隆《ゆたか》
辰野金吾を父に持ち名文家として知られる仏文学者が同窓の谷崎、師として仰ぐ露伴、鷗外、漱石らとの交流から紡いだ自伝的文学随想集。〈解説〉中条省平
206085-2

た-87-2
フランス革命夜話
辰野隆
大革命を彩るロベスピエール、シャルロット・コルデー等の人物秘話、ルイ十六世の最期、熱月九日の真相を軽妙洒脱に語る名著を復刻。〈解説〉小倉孝誠
206159-0

な-58-1
美学入門
中井正一
美とは、ほんとうの自分、あるべき自分、深い深い世界にかくれている自分に、めぐりあうこと――豊かさと軟らかさをそなえた、強靭な芸術論。〈解説〉後藤嘉宏
205332-8

な-58-2
日本の美
中井正一
西洋と東洋の美、中国と日本の美の相違に始まり、日本文化に通底する「もののあわれ」「わび」「幽玄美」などを語る。全集未収録の論考増補。〈解説〉木下長宏
206799-8

や-52-1
たたずまいの美学 日本人の身体技法
矢田部英正
窮屈なものとされてきた日本人の所作が秘める風土に根ざした合理性とは？ 所作、履き物、坐り方、呼吸法、武道。身体論から日本文化の原点に迫る。
205540-7